司法書士試験

松本の新教科書 5ヶ月合格法

リアリスティック ⑨

供託法・司法書士法

第3版

辰已専任講師
松本雅典
Masanori Matsumoto

辰已法律研究所

はしがき

　供託法は、実際に供託の手続をしたことがある方はほとんどいないでしょうから、なかなかイメージの湧きにくい科目です。そこで、このテキストでは、供託書や払渡請求書の見本を示すなど、イメージの湧く工夫をこらしました。

　司法書士法は、司法書士、つまり、将来のみなさんについて規定した法律です。合格後に1番関係のある法律といってもよいので、当事者意識を持って学習しましょう。

　なお、試験対策的なことを申し上げると、供託法と司法書士法は、毎年ほとんど、基本知識のみで全問正解できる科目です。過去問知識のみで全問正解できる年度もあります。そのため、全問正解を狙いにいくのですが、単に全問正解すればよいわけではありません。時間をあまりかけずに全問正解する必要があります。そうすれば、他の科目に時間を使い、他の科目の点数も上げることができます。供託法と司法書士法は、こういったことも、試験という戦いを勝ち抜くために戦略上キーになります。

　『司法書士試験 リアリスティック 民法Ⅰ［総則］』『司法書士試験 リアリスティック 不動産登記法』『司法書士試験 リアリスティック 会社法・商法・商業登記法』『司法書士試験 リアリスティック 民事訴訟法・民事執行法・民事保全法』のはしがきにも記載しましたが、私が辰已法律研究所で担当しているリアリスティック一発合格松本基礎講座を受講していただいたすべての方に改めて感謝の意を表したいと思います。受講生の方が本気で人生をかけて合格を目指し闘っている姿を見せてくださるおかげで、私はこれまで講師を続けることができましたし、このテキストが完成しました。

令和2年12月
辰已法律研究所 専任講師
松本 雅典

第3版はしがき

　令和4年4月に供託規則が改正されたため、第2版でこの改正を反映させました。
　その後、令和5年9月にも供託規則が改正されたため、第3版でこの改正も反映させました。
　供託法は、供託規則が頻繁に改正され、そして、改正法がすぐに出題される傾向が他の科目以上に強いです。そこで、できる限り迅速に改訂を行っています。

　改正以外にも、よりわかりやすい説明になるよう、細かい修正をいくつもしました。

　本書をお使いいただいた方から頂く合格報告が年々増えてきております。また、本書は私が担当しているリアリスティック一発合格松本基礎講座の指定テキストにもしていますが、本書を指定テキストにしてから合格者数がかなり増えています。
　書籍の執筆は、正直筆が進まない日もありますが、上記のようなお声や頂く合格報告が筆を進める何よりの原動力になります。この場で御礼を申し上げます。

令和6年1月

辰已法律研究所　専任講師

松本　雅典

目　次

第1編　供託法⋯⋯⋯⋯⋯⋯⋯⋯⋯⋯⋯⋯⋯⋯⋯⋯⋯⋯⋯⋯⋯⋯⋯⋯ 1

　第1章　供託の世界⋯⋯⋯⋯⋯⋯⋯⋯⋯⋯⋯⋯⋯⋯⋯⋯⋯⋯⋯⋯⋯ 2

　　1　供託とは？⋯⋯⋯⋯⋯⋯⋯⋯⋯⋯⋯⋯⋯⋯⋯⋯⋯⋯⋯⋯ 2

　　2　供託の種類⋯⋯⋯⋯⋯⋯⋯⋯⋯⋯⋯⋯⋯⋯⋯⋯⋯⋯⋯⋯ 3

　　3　供託の登場人物⋯⋯⋯⋯⋯⋯⋯⋯⋯⋯⋯⋯⋯⋯⋯⋯⋯⋯ 5

　　4　供託の有効要件⋯⋯⋯⋯⋯⋯⋯⋯⋯⋯⋯⋯⋯⋯⋯⋯⋯⋯ 9

　第2章　供託受入手続⋯⋯⋯⋯⋯⋯⋯⋯⋯⋯⋯⋯⋯⋯⋯⋯⋯⋯ 16

　　1　供託書の提出⋯⋯⋯⋯⋯⋯⋯⋯⋯⋯⋯⋯⋯⋯⋯⋯⋯⋯ 17

　　2　審査⋯⋯⋯⋯⋯⋯⋯⋯⋯⋯⋯⋯⋯⋯⋯⋯⋯⋯⋯⋯⋯⋯ 24

　　3　却下⋯⋯⋯⋯⋯⋯⋯⋯⋯⋯⋯⋯⋯⋯⋯⋯⋯⋯⋯⋯⋯⋯ 25

　　4　受理⋯⋯⋯⋯⋯⋯⋯⋯⋯⋯⋯⋯⋯⋯⋯⋯⋯⋯⋯⋯⋯⋯ 25

　　5　納入⋯⋯⋯⋯⋯⋯⋯⋯⋯⋯⋯⋯⋯⋯⋯⋯⋯⋯⋯⋯⋯⋯ 25

　　6　供託通知⋯⋯⋯⋯⋯⋯⋯⋯⋯⋯⋯⋯⋯⋯⋯⋯⋯⋯⋯⋯ 27

　　7　一括供託⋯⋯⋯⋯⋯⋯⋯⋯⋯⋯⋯⋯⋯⋯⋯⋯⋯⋯⋯⋯ 29

　第3章　弁済供託⋯⋯⋯⋯⋯⋯⋯⋯⋯⋯⋯⋯⋯⋯⋯⋯⋯⋯⋯⋯ 30

　　1　弁済供託とは？⋯⋯⋯⋯⋯⋯⋯⋯⋯⋯⋯⋯⋯⋯⋯⋯⋯ 30

　　2　法的性質⋯⋯⋯⋯⋯⋯⋯⋯⋯⋯⋯⋯⋯⋯⋯⋯⋯⋯⋯⋯ 31

　　3　弁済供託の実体上の有効要件⋯⋯⋯⋯⋯⋯⋯⋯⋯⋯ 32

　　4　効果⋯⋯⋯⋯⋯⋯⋯⋯⋯⋯⋯⋯⋯⋯⋯⋯⋯⋯⋯⋯⋯⋯ 45

　第4章　執行供託⋯⋯⋯⋯⋯⋯⋯⋯⋯⋯⋯⋯⋯⋯⋯⋯⋯⋯⋯⋯ 46

　　第1節　執行供託とは？⋯⋯⋯⋯⋯⋯⋯⋯⋯⋯⋯⋯⋯⋯⋯ 46

　　第2節　民事執行法に基づく執行供託⋯⋯⋯⋯⋯⋯⋯⋯ 47

　　　1　権利供託⋯⋯⋯⋯⋯⋯⋯⋯⋯⋯⋯⋯⋯⋯⋯⋯⋯⋯⋯ 47

　　　2　義務供託⋯⋯⋯⋯⋯⋯⋯⋯⋯⋯⋯⋯⋯⋯⋯⋯⋯⋯⋯ 52

　　第3節　民事保全法に基づく執行供託⋯⋯⋯⋯⋯⋯⋯⋯ 57

　　　1　仮差押え⋯⋯⋯⋯⋯⋯⋯⋯⋯⋯⋯⋯⋯⋯⋯⋯⋯⋯⋯ 57

　　　2　仮差押解放金⋯⋯⋯⋯⋯⋯⋯⋯⋯⋯⋯⋯⋯⋯⋯⋯⋯ 63

　　　3　仮処分解放金⋯⋯⋯⋯⋯⋯⋯⋯⋯⋯⋯⋯⋯⋯⋯⋯⋯ 66

　　第4節　滞調法に基づく執行供託⋯⋯⋯⋯⋯⋯⋯⋯⋯⋯ 68

　　　1　滞調法とは？⋯⋯⋯⋯⋯⋯⋯⋯⋯⋯⋯⋯⋯⋯⋯⋯⋯ 68

　　　2　競合が生じない場合⋯⋯⋯⋯⋯⋯⋯⋯⋯⋯⋯⋯⋯⋯ 69

③	競合が生じる場合 ··	70
第5節	**供託物払渡請求権に対する差押え・仮差押え** ················	**75**
①	供託物払渡請求権に対する差押え ···································	75
②	供託物払渡請求権に対する差押え・仮差押えが競合した場合·····	76
第6節	**差押え・仮差押えの申立ての取下げ・取消し** ················	**78**
①	差押えの申立ての取下げと差押命令の取消し ···················	78
②	仮差押えの申立ての取下げと仮差押命令の取消し ··············	79
第7節	**差押禁止債権と供託** ···	**80**
①	差押可能額について競合が生じない場合 ························	80
②	差押可能額について競合が生じる場合 ···························	81
第8節	**その他の執行供託** ···	**82**
①	不出頭供託 ···	82
②	執行官がする他の供託 ···	82
第5章	**供託成立後の権利変動** ···	**83**
①	取戻請求権と還付請求権の性質・関係 ························	83
②	供託の受諾 ···	85
③	払渡請求権の消滅時効 ···	87
第6章	**供託払渡手続** ···	**91**
第1節	**払渡しの要件** ···	**91**
①	取戻請求権の行使の要件 ···	91
②	還付請求権の行使の要件 ···	92
第2節	**供託物の供託払渡手続** ···	**94**
①	供託物払渡請求書の提出 ···	95
②	審査 ··	111
③	却下 ··	111
④	認可 ··	111
⑤	払渡し ···	111
第3節	**利息の払渡手続** ···	**113**
①	利息 ··	113
②	払渡しの時期 ···	113
③	払渡手続 ···	114
④	消滅時効 ···	115
⑤	利札の払渡し ···	115

第7章　オンライン申請 ……………………………………… 116

1	申請書情報の送信 ………………………………………	116
2	供託金の納付 ……………………………………………	117
3	供託書正本 ………………………………………………	117
4	払渡手続 …………………………………………………	118

第8章　その他の供託の制度 ………………………………… 119

1	閲覧・証明 ………………………………………………	119
2	供託カード ………………………………………………	121
3	代供託 ……………………………………………………	121
4	差替え ……………………………………………………	121
5	保管替え …………………………………………………	122
6	審査請求 …………………………………………………	123

第2編　司法書士法 ·· 125
第1章　司法書士法とは？ ······································· 126
第2章　業務 ·· 127
- 1　司法書士の業務 ·· 127
- 2　業務を行い得ない事件 ·· 131
- 3　事務所 ·· 138
- 4　会則の遵守義務 ·· 139
- 5　秘密保持義務 ·· 139
- 6　補助者 ·· 141
第3章　登録 ·· 143
- 1　欠格事由 ·· 143
- 2　登録・入会 ·· 145
- 3　所属する司法書士会の変更 ······································ 149
- 4　登録事項の変更 ·· 150
- 5　登録の取消し ·· 151
第4章　司法書士法人 ·· 153
第1節　司法書士法人とは？ ···································· 153
第2節　設立 ··· 154
- 1　設立者 ·· 154
- 2　社員 ·· 154
- 3　設立の手続 ·· 156
第3節　業務 ··· 159
- 1　業務範囲 ·· 159
- 2　社員の常駐 ·· 160
- 3　業務の執行 ·· 160
- 4　業務の取扱いと責任 ·· 161
- 5　法人の代表 ·· 162
- 6　業務を行い得ない事件 ·· 162
第4節　社員 ··· 168
- 1　責任 ·· 168
- 2　競業禁止 ·· 169
- 3　脱退 ·· 170
第5節　司法書士法人の解散 ···································· 173
- 1　解散事由 ·· 173

    2　解散の届出 ……………………………………………… 174
第5章　懲戒 ……………………………………………………… **175**
    1　懲戒の種類 ……………………………………………… 175
    2　懲戒権者 ………………………………………………… 177
    3　懲戒事由 ………………………………………………… 177
    4　請求権者 ………………………………………………… 177
    5　除斥期間 ………………………………………………… 178
    6　手続 ……………………………………………………… 178
    7　懲戒処分後 ……………………………………………… 179
第6章　司法書士会 …………………………………………… **180**
    1　設立 ……………………………………………………… 180
    2　会則の認可 ……………………………………………… 181
    3　紛議の調停 ……………………………………………… 181
第7章　公共嘱託登記司法書士協会 ……………………… **182**
    1　公共嘱託登記司法書士協会とは？ …………………… 182
    2　定款で定める必要がある事項 ………………………… 182
    3　業務 ……………………………………………………… 183
    4　監督 ……………………………………………………… 184

コラム
    Realistic 1　合格後に最も意識する法律 …………………… 126
    Realistic 2　現実的な作戦 …………………………………… 132
    Realistic 3　法人化するメリット ……………………………… 153

索引
    事項索引 …………………………… 185
    条文索引 …………………………… 187
    判例索引 …………………………… 197
    先例索引 …………………………… 198

本テキストご利用にあたっての注意

1. 略称

・供託準則	→	供託事務取扱手続準則
・司書法	→	司法書士法
・司書規	→	司法書士法施行規則
・民訴法	→	民事訴訟法
・民執法	→	民事執行法
・民執規	→	民事執行規則
・民保法	→	民事保全法
・民保規	→	民事保全規則
・滞調法	→	滞納処分と強制執行等との手続の調整に関する法律
・不登法	→	不動産登記法
・登免法	→	登録免許税法
・行手法	→	行政手続法
・行服法	→	行政不服審査法
・情報通信技術活用法	→	情報通信技術を活用した行政の推進等に関する法律
・最判平 20.6.10	→	最高裁判所判決平成 20 年 6 月 10 日
・昭 46.10.4 民事甲 3230	→	昭和 46 年 10 月 4 日法務省民事甲第 3230 号

2. 民法、不動産登記法、会社法・商法・商業登記法、民事訴訟法・民事執行法・民事保全法、刑法、憲法のテキストの参照箇所

「―― 民法Ⅰのテキスト第2編第2章第1節2②」などと、民法、不動産登記法、会社法・商法・商業登記法、民事訴訟法・民事執行法・民事保全法、刑法、憲法のテキストの参照箇所を示している場合があります。これらは、以下のテキストです。

- 『司法書士試験リアリスティック1 民法Ⅰ［総則］』（辰已法律研究所）
- 『司法書士試験リアリスティック2 民法Ⅱ［物権］』（辰已法律研究所）
- 『司法書士試験リアリスティック3 民法Ⅲ［債権・親族・相続］』（辰已法律研究所）
- 『司法書士試験リアリスティック4 不動産登記法Ⅰ』（辰已法律研究所）
- 『司法書士試験リアリスティック5 不動産登記法Ⅱ』（辰已法律研究所）
- 『司法書士試験リアリスティック6 会社法・商法・商業登記法Ⅰ』（辰已法律研究所）
- 『司法書士試験リアリスティック7 会社法・商法・商業登記法Ⅱ』（辰已法律研究所）

・『司法書士試験リアリスティック8 民事訴訟法・民事執行法・民事保全法』（辰已法律研究所）
・『司法書士試験リアリスティック10 刑法』（辰已法律研究所）
・『司法書士試験リアリスティック11 憲法』（辰已法律研究所）

3．表

　このテキストのシリーズで一貫した方針ですが、表は、「当たる」「認められる」などその事項に該当するもの（積極事項）は表の左に、「当たらない」「認められない」などその事項に該当しないもの（消極事項）は表の右に配置する方針で作成しています。これは、試験で理由付けから知識を思い出せなかったとしても、「この知識はテキストの表の左に書いてあったな。だから、『当たる』だ。」といったことをできるようにするためです。

4．参照ページ

　このテキストでは、できる限り参照ページをつけています。これは、「記載されているページを必ず参照してください」という意味ではありません。すべてを参照していると、読むペースが遅くなってしまいます。わかっているページは、参照する必要はありません。内容を確認したい場合のみ参照してください。その便宜のために、参照ページを多めにつけています。

　また、ページの余白に表示している参照ページの記号の意味は、以下のとおりです。

P50＝ ： 内容が同じ

P50≒ ： 内容が似ている

P50 「 P50 ⌐ ： 内容が異なる
└ P50 ⌐ P50

5．Realistic rule

　「Realistic rule」とは、試験的にはそのルールで解答してしまって構わないというルールです。

— 第1編 —

供託法
Deposit Law

供託の世界

1 供託とは？

　「供託」とは、何かしらの事情があるため、相手方に弁済金などを渡すことができない場合に、国家機関である供託所（法務局）に弁済金などを代わりに預かってもらう制度です。

　具体的な事例で考えるほうがイメージが湧くので、供託の具体例をみてみましょう。このテキストでは、以下の例を基本事例とします。

基本事例

　Yは、Xが所有しているリアリスティックアパートの201号室をXから賃借している。家賃は1月5万円であり、毎月末日に翌月分をそのアパートの101号室に居住しているXに持参して支払うことになっていた（＊）。Yは、令和6年4月30日に5月分の家賃をXのもとに持参したが、Xは、「ここらへんの家賃相場は上がってきているんだよね〜。悪いけど、今月から6万円でお願いできる？」と言い、Yが持参した5万円を受け取ってくれなかった。

＊現在、賃貸マンションなどにお住まいの方は、大家さんに直接家賃を払っているのではなく、不動産の管理会社に払っている場合がほとんどだと思います。これは、不動産の管理会社が、大家さんから賃料の弁済の受領権限を与えられているんです（民法478条かっこ書）。しかし、このテキストでは基本的に、大家さんに直接家賃を払う賃貸借契約としています。試験でも、基本的にその前提で出題されるからです。

　Xが5万円を受け取ってくれないと、Yの債務は消えずに残ったままになってしまいます。そこで、Yは供託所に供託をすることができます。供託をすると、Yの債務は消えます（民法494条1項1号）。

2 供託の種類

供託には、種類があります。試験的には、下記1.～4.の4種類の供託を押さえてください。

1. 弁済供託

弁済供託：債務者が債権者に弁済できない事情がある場合にする供託

ex. 上記①の基本事例は、弁済供託ができる例です（民法494条1項1号）。
債務を消すためにする供託です。

2. 保証供託（「担保供託」ということもあります）

保証供託：相手方が被る可能性のある損害を担保させるために特定の者がすること
を要求される供託

保証供託の代表的なものとして、下記（1）と（2）があります。

（1）営業保証供託

以下のような、取引の相手方に与える損害が大きくなる可能性のある一定の業種には、営業を行う前提として供託をすることが要求されます。

ex1. 不動産業者が事業を行うには、主たる事務所の最寄りの供託所に営業保証金（1000万円〔＊〕）を供託しなければなりません（宅地建物取引業法25条1項）。

＊その他の事務所もある場合は、営業保証金がその他の事務所1か所につき500万円増額されます（宅地建物取引業法施行令2条の4）。

ex2. 旅行業者が事業を行うには、主たる事務所の最寄りの供託所に営業保証金（7000万円など〔＊〕）を供託しなければなりません（旅行業法7条1項、8条7項）。

＊国内旅行しか扱わないか国外旅行も扱うか、売上などによって供託金額が変わります（旅行業法施行規則7条、別表第1）。

これは、お客を保護するためです。不動産業者や旅行業者の不手際で損害を受けたお客が、不動産業者や旅行業者が破綻した場合でも、供託金から損害を補填してもらえるようにされているんです。実際は、供託金では足りないことが多いですが……。また、不動産業者や旅行業者の社会的信頼を保証するという趣旨もあります。供託金さえ用意できない者に、不動産業や旅行業をしてほしくないですよね。

（2）裁判上の保証供託

　以下のように、後に間違っていたとなる可能性がある訴訟行為や裁判上の処分をするにあたって、裁判所の決定で担保が要求されることがあります。その場合にするのが、この裁判上の保証供託です。

ex1. 仮執行宣言に基づいて仮執行をする場合に、担保を立てることが条件とされていれば、債権者は仮執行の申立ての前提として担保を供託する必要があります（民訴法 259 条 1 項）。—— 民事訴訟法・民事執行法・民事保全法のテキスト第 1 編第 10 章第 1 節 4 1.（3）②

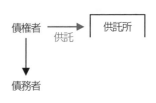

ex2. 保全命令の発令の条件として債権者が担保を立てることが定められた場合、債権者は保全命令を発してもらうために担保を供託する必要があります（民保法 14 条）。—— 民事訴訟法・民事執行法・民事保全法のテキスト第 3 編第 2 章第 1 節 5 1.

　後に勝訴した債務者が受けた損害を担保するために、債権者が供託をします。

3. 執行供託

　執行供託：第三債務者などがする執行の目的物の供託

ex. 債権者が債務者の第三債務者に対する債権を差し押さえた場合、第三債務者は供託することができます（民執法 156 条 1 項）。—— 民事訴訟法・民事執行法・民事保全法のテキスト第 2 編第 3 章第 4 節 2 3.（1）（c）ⅰ

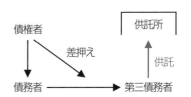

4. 没取供託

　没取供託：選挙の立候補者などに要求される供託

ex. 衆議院議員選挙の小選挙区であれば、立候補をするのに 300 万円を供託する必要があります（公職選挙法 92 条 1 項 1 号）。この供託金は、有効投票の総数の 1/10 の票を得られれば返還されますが、1/10 の票を得られないと没取されてしまいます（公職選挙法 93 条 1 項 1 号）。

　このように、供託金を没取されることがあるので、「没取供託」といいます。没取供託は、一定の票も得られない候補者が多数出馬することを防ぐためにあります。ただ、日本の供託金は、他国に比べてかなり高いです。金がない人は、立候補できない制度にされているんです……。

3 供託の登場人物

1．供託当事者

以下の者が、供託の当事者です。

・供託者　　：供託所に自己の名において供託物を提出する者
・被供託者：供託所から自己の名において供託物を受領して債権の満足を得る者（供
　　　　　　託物の還付を請求し得べき者〔供託規則13条2項6号かっこ書〕）
ex. YがXに受領を拒否された家賃を供託する場合、Yが供託者、Xが被供託者とな
　　ります。

※営業保証供託のように、供託時には、被供託者が定まっていない供託もあります。
　不動産業者や旅行業者などが将来損害を受ける可能性のあるお客のために供託す
　るのが営業保証供託ですが、供託時に「被供託者○○さん」と決まっていません。
　決まっていたら、「○○さんに損害を加えます！」ということですので、怖すぎま
　す……。

供託者が供託すると、原則として、以下の2つの請求権が生じます。

・取戻請求権：供託者が供託所に対して有する供託物を取り戻すことができる請求権
・還付請求権：被供託者が供託所に対して有する供託物を還付することができる請求
　　　　　　　権
　取戻請求権と還付請求権を総称して「払渡請求権」といいます。

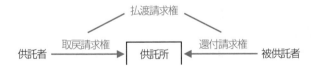

民事訴訟に類似

　下記（1）の供託当事者能力は民事訴訟の当事者能力に、下記（2）の供託行為能
力は民事訴訟の訴訟能力に類似しています。── 民事訴訟法・民事執行法・民事保全法のテキ
スト第1編第4章第1節、第2節　供託は、民事紛争の中で出てくることが多いからです。

（1）供託当事者能力

供託当事者能力：供託者または被供託者になることができる一般的な資格

「一般的な」とは、供託者または被供託者になり得る者かということです。みなさんの多くは、現在、供託をする理由も供託をされる理由もないと思います。しかし、自然人（私たち人間のことです）は供託者または被供託者になれるので、みなさんには供託当事者能力があります。

供託当事者能力は、以下の①〜④の者が有しています。

①自然人
②法人

登記された法人以外の法人であっても、供託の当事者となることができます（供託規則 14 条 2 項参照）。国家公務員共済組合、土地区画整理組合などごく一部ですが、登記ではなく、法令で成立が認められている法人があるんです。

③法人でない社団または財団（代表者または管理人の定めがある場合。供託規則 14 条 3 項参照）
④民法上の組合（組合長の代理権が認められる場合。昭 26.10.30 民事甲 2105）

（2）供託行為能力

供託行為能力：単独で有効に供託手続をすることができる能力

保護者の同意を得ることまたは保護者による代理によることなく、自分だけで供託手続をすることができる能力です。民法でいうところの「行為能力」に相当する能力です。

（a）供託行為能力を有しない者・制限される者
ⅰ　成年被後見人

成年被後見人については、法定代理人が代理して供託手続を行う必要があると解されています。

ⅱ　未成年者
（ⅰ）原則

未成年者については、原則として、法定代理人が代理して供託手続を行う必要があると解されています。民法のように、未成年者が法定代理人の同意を得て供託手続を行うことはできません。── 民法Ⅰのテキスト第2編第2章第3節2 2.（1）（a）

（ⅱ）例外

独立して法律行為をすることができる未成年者は、供託行為能力を有すると解されています。

ex. 未成年者は、法定代理人から営業の許可を得た場合（民法6条）、その営業に関するものについては単独で有効に供託手続をすることができると解されています。

ⅲ 被保佐人

被保佐人は、保佐人の同意を得て、供託手続をすることができると解されています（民法13条1項参照）。

ⅳ 被補助人

被補助人については、争いがあります。被補助人は、民法13条1項の行為の大半について補助人の同意を要するとされている場合は、供託手続をすることについて補助人の同意を要する、といった見解があります。

（ｂ）供託行為能力欠缺の効果

供託行為能力を有しない者・制限される者の行った供託手続は、基本的に無効となると解されています。

民法の制限行為能力者の行為のように、取り消されるまでは有効（民法121条、5条2項、9条本文、13条4項、17条4項）とはなりません。「取り消されるまでは有効」という状態は、有効で確定するか無効となるか不安定です。供託は手続なので、安定が重視されます。供託は民事訴訟において要求されることも多く、民事訴訟において「取消しによって供託がやっぱり無効となったよ」となるのはマズイのです。

（3）供託当事者適格
（ａ）意義

供託当事者適格：特定の供託手続について、供託者または被供託者になることができる資格

供託当事者能力は、供託者または被供託者になることができる一般的な資格です（P6（1））。それに対して、供託当事者適格は、特定の供託手続について供託者または被供託者になることができる資格です。みなさんにも私にも供託当事者能力はありますが、供託当事者適格がある供託手続は限られています。

（b）第三者による供託

供託当事者適格を有する本人に代わり、それ以外の第三者が供託者となって本人のために供託することができる供託とできない供託があります。

供託の種類		第三者による供託の可否
①弁済供託		○
		第三者弁済ができる弁済（民法474条）において、認められます。—— 民法Ⅲのテキスト第5編第6章第1節 2 1.（2）
②保証供託	営業保証供託	×
		営業保証供託は、不動産業者や旅行業者の社会的信頼を保証するためでもありました。よって、業者自身に保証金を用意させる必要があるんです。
	裁判上の保証供託	○
		裁判上の保証供託は、損害を担保するためのものなので、第三者が用意した供託金でも損害が担保されれば被供託者としては問題ありません。
③執行供託		×
		執行供託は、専ら執行手続上のものなので、執行手続上の当事者が供託しないと執行の効力が及ばないんです。
④没取供託		×
		第三者が供託金を出すと、当選した政治家がその第三者のための政治をするなど、不正の温床になってしまいます。

　第三者による供託が認められるものを、ふりがなをふっているところを取って、「さあさあ弁済しろ！」と記憶しましょう。

※相手方の同意の要否

　第三者が供託する場合、相手方の同意は不要です。第三者の供託が認められる場合は、相手方としては供託がされればよいからです。

2. 供託官

> 供託官：供託所に勤務する法務事務官のうち、法務局または地方法務局の長が指定した者（供託法1条の2）

　……といわれても、わかりにくいですよね。供託官は、供託所に勤務している者の中から指定を受けた公務員です。供託課長など、経験豊富なベテランの公務員が指定されています。供託官は、供託の審査などを行います。

供託所

供託官

　「供託所」とは、不動産登記や商業登記で出てきた「登記所」と大体同じだと考えてください。登記と同じく、法務省の地方機関が供託を扱います。なお、正確にいうと、登記は扱うが供託は扱わないところもあります。供託所とされるのは、法務局もしくは地方法務局もしくはこれらの支局または法務大臣の指定するこれらの出張所です（供託法1条）。「法務局」と「地方法務局」は、各都道府県に1つあります（北海道のみ4つあります）。高等裁判所がある所在地だと法務局といい（ex. 東京法務局）、高等裁判所がない所在地だと地方法務局といいます（ex. 横浜地方法務局）。「支局」は、通常は主要都市に置かれています（ex. 川崎支局）。「出張所」は、現在供託所として指定されているところはありません。

4 供託の有効要件

　供託が有効に成立するには、以下の①～③の要件を充たしている必要があります。

①供託が法令の根拠に基づくこと（下記1.）
②供託の目的物が供託可能なものであること（下記2.）
③供託が適法な供託所に対してされたこと（下記3.）

1. 供託根拠法令（要件①）

　供託は、法令に根拠（供託根拠法令）がなければすることができません。P3～4 2 で挙げた例も、民法、宅地建物取引業法、旅行業法、民事訴訟法、民事保全法、民事執行法、公職選挙法と、すべて供託の根拠となる法令があります。

2. 供託可能な目的物（要件②）

　これまでは「供託金」と、すべて供託する物は金銭として説明してきました。しかし、金銭以外でも供託できる場合があります。供託可能な目的物は、供託の種類によって変わってきます。

（1）金銭

この「金銭」とは、日本の通貨のことです。

金銭による供託は、どの種類の供託でも認められます。金銭は万能だからです。

（2）有価証券

「有価証券」とは、国債や株式などのことです。

有価証券が供託物として認められる供託と認められない供託があります。

供託の種類		有価証券による供託の可否
①弁済供託		○
②保証供託	営業保証供託	○ （宅地建物取引業法25条3項、旅行業法8条6項など）
	裁判上の保証供託	○ （民訴法76条本文、民執法15条1項本文、民保法4条1項本文）
③執行供託		× （民執法156条1項、2項、民保法22条2項、25条2項参照）
④没取供託		○ ただし、国債証書（振替国債も含む）に限定されます（公職選挙法92条1項柱書）。信用力が高い国債に限られているわけです。あと、選挙ですしね。

有価証券による供託が認められないのは執行供託のみなので、執行供託を、ふりがなをふっているところを取って、「融資は受け入れない」として記憶し、それ以外の供託は有価証券による供託が認められると押さえましょう。

（3）その他の物品

「その他の物品」とは、動産・不動産（ex. 売買の目的物が動産・不動産である場合）、外国の通貨などのことです。外国の通貨は、上記（1）の「金銭」に当たりませんので、ご注意ください。外国の通貨は、万能ではないからです。日本で、外国の通貨が使えないお店のほうが多いですよね。

（4）振替国債

「振替国債」とは、権利の帰属が日本銀行とその下部機関である口座管理機関（金融機関）に設けられた振替口座簿の記載または記録によって定まる国債です。……といわれてもイメージが湧かないと思います。要は、データで管理される国債のことです。かつては、国債証券が発行されていました。しかし、ペーパーレス化で、今は、データで管理される振替国債のみが発行されているんです。

振替国債が供託物として認められる供託と認められない供託があります。

供託の種類	振替国債による供託の可否
①弁済供託	×
②保証供託	○ （法令で認められている場合に限られます）
③執行供託	×
④没取供託	○ （公職選挙法92条1項柱書かっこ書）

振替国債による供託が認められる保証供託と没取供託を、ふりがなをふっているところを取って、「ほぼフリー」として記憶し、それ以外の供託は振替国債による供託が認められないと押さえましょう。

3．適法な供託所（要件③）

供託所にも、管轄があります。管轄には、「事物管轄」（下記（1））と「土地管轄」（下記（2））があります。

（1）事物管轄

事物管轄：供託の目的物に応じて定まる管轄

機関によって扱える物と扱えない物があるので、供託の目的物に応じて、目的物の提出を受けて保管と管理をする供託所が変わります。

（a）金銭・有価証券・振替国債

法務局もしくは地方法務局もしくはこれらの支局または法務大臣の指定するこれらの出張所が供託所となります（供託法1条）。これは、P9の上の2.で説明した供託

所です。金銭・有価証券・振替国債は、保管・管理するのが大変ではないため、これらの機関が扱えるんです。

（b）金銭・有価証券・振替国債以外
ⅰ　原則

法務大臣の指定する倉庫営業者または銀行が供託所となります（供託法5条1項）。
ex. 外国の通貨は、法務大臣の指定する倉庫営業者または銀行が供託所となります。

金銭・有価証券・振替国債以外の物は、法務局などでは扱えないので、倉庫営業者や銀行が提出を受けて保管と管理をするんです。倉庫営業者や銀行も保管と管理をしたいわけではないのですが、倉庫営業者や銀行は、営業の部類に属する物で保管可能な数量に限り保管する義務を負うとされています（供託法5条2項）。

ⅱ　例外

しかし、倉庫営業者や銀行も、能力やキャパの限界があります。そこで、供託すべき指定倉庫営業者・指定銀行がない場合は、裁判所が指定・選任した供託所・供託物保管者に対して供託します（民法495条2項、非訟事件手続法94条）。
ex1. 売買の目的物が不動産であり売主が不動産を供託する場合には、裁判所が不動産
　　管理会社を供託所・供託物保管者として指定・選任することがあります。
ex2. 売買の目的物が牛であり売主が牛を供託する場合には、裁判所が牧場を供託所・
　　供託物保管者として指定・選任することがあります。

（2）土地管轄
土地管轄：どの地域の供託所が担当するかの管轄

東京法務局が管轄権を有するのか、横浜地方法務局が管轄権を有するのか、といった問題です。土地管轄は、供託の種類によって異なります。

（a）弁済供託
ⅰ　原則

弁済供託は、原則として、債務履行地の供託所に対してします（民法495条1項）。債務者は、債務の履行地で履行するべきであった、つまり、元々そこに行くべきであったからです。また、債務の履行地の供託所に供託すれば、債権者が受け取りやすいだろうと考えられるからです。債務の履行地は、債権者の住所地であることが多いです（民法484条1項）。

ex1. 賃料債務の弁済供託は、特約のない限り、賃貸人の住所地の供託所に対してします。賃貸人が死亡し、相続人が不明であるため弁済供託をするときは、被相続人の最後の住所地の供託所に対してします（昭39全国供託課長会同決議）。

ex2. 交通事故の被害者が行方不明のためにする損害賠償債務の弁済供託は、被害者の最後の住所地の供託所に対してします。

　賃料債務も不法行為の損害賠償債務も、特定物の引渡しではない金銭債務ですので、特約がなければ、債権者の住所地が債務履行地となるからです（民法484条1項）。——民法Ⅲのテキスト第5編第6章第1節2 3.（2）

　なお、銀行などの預貯金債務の弁済供託は、銀行などの本店または支店の所在地を管轄する供託所に対してします。

　銀行などの預貯金債務は、払戻しが銀行などの本店または支店で行われるという慣習があり、取立債務とされています。また、預金証書などにはそういった内容の条項があることも多いです。

> **銀行には取りに来い**

　「銀行には取りに来い！」というのが、基本的な考え方です。

※債権者不確知の場合

　P30〜31③で説明しますが、債務者の過失なく債権者がXまたはZのどちらかわからないといった場合に弁済供託をすることができます。この場合、どの供託所に供託すべきでしょうか。

　XまたはZの住所地の供託所のどちらでも構いません（昭38.6.22民事甲1794）。

　債務履行地は基本的に債権者の住所地となりますが、債権者がXかZかわからないので、どちらかの住所地の供託所に供託をすればよいとされているんです。

ⅱ 例外

　債務履行地に供託所がないときは、債務履行地の属する最小行政区画（市区町村）を包括する行政区画（都道府県）内における最寄りの供託所に供託をすれば足ります（昭23.8.20民事甲2378。大判昭8.5.20）。「債務履行地に供託所がないことなんてあるの？」と思われるかもしれませんが、今は供託所が減っているので、これはよくあることなんです。

ex. 債務履行地が新宿区内であったとします。新宿区には供託所がありません。東京23区は、千代田区にある東京法務局しか供託所がないんです。この場合は、東京都内の最寄りの供託所である千代田区にある東京法務局に対して供託します。

（b）保証供託

ⅰ　営業保証供託

営業保証供託は、業者の主たる事務所または営業所の最寄りの供託所に対してします（宅地建物取引業法 25 条 1 項、旅行業法 8 条 7 項）。その他の事務所の供託金（P 3 ＊）も、主たる事務所または営業所の最寄りの供託所に対してします。同一の業者ですので、その他の事務所の供託金も主たる事務所または営業所の最寄りの供託所に供託するということで統一されているんです。

ⅱ　裁判上の保証供託

裁判上の保証供託は、原則として、以下の①または②の所在地を管轄する地方裁判所の管轄区域内の供託所に対してします。

①担保を立てるべきことを命じた裁判所（民訴法 76 条本文、民執法 15 条 1 項本文、民保法 4 条 1 項本文）
②（保全）執行裁判所（民執法 15 条 1 項本文、民保法 4 条 1 項本文）

民事訴訟において供託が要求される場合（民訴法 76 条本文）など、②の裁判所がない場合もあります。

（c）執行供託

第三債務者がする執行供託は、原則として、被差押債権の債務履行地、つまり、第三債務者が債務を履行する地の供託所に対してします（民執法 156 条 1 項、2 項、民保法 50 条 5 項）。よって、被差押債権が持参債務であれば債権者の住所地の供託所に対して、被差押債権が取立債務であれば第三債務者の住所地の供託所に対して供託することになります。

第三債務者は、巻き込まれただけです。巻き込まれただけの第三債務者が債務を履行する地以外の所に行かなければならないのはおかしいので、被差押債権の債務履行地の供託所が管轄供託所とされているんです。

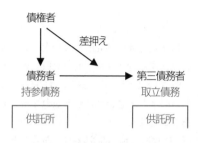

なお、債務履行地に供託所がないときは、債務履行地の属する最小行政区画（市区町村）を包括する行政区画（都道府県）内における最寄りの供託所に供託をすれば足ります（昭23.8.20民事甲2378）。弁済供託（P13のⅱ）と同じです。

（d）没取供託

没取供託については、全国どこの供託所でも供託することができます。「立候補地の供託所に供託する必要がある」といったひっかけが出題されますが、管轄についての規定がないので、全国どこの供託所でも構わないんです。

（3）管轄に違反した供託の効力

（a）原則

管轄供託所でない供託所に供託の申請がされると、供託官は申請を却下します（供託規則21条の7）。もし誤って申請が受理されても、供託は無効です。

法務局での手続は、管轄外の申請は却下されるんです。—— 不動産登記法Ⅱのテキスト第6編第1章②2.（1）「法務局での手続 → 管轄外は却下」

（b）例外

ただし、管轄供託所でない供託所に申請された弁済供託が誤って受理された場合に、被供託者が供託の受諾をした、または、還付請求をしたときは、申請時から有効であった供託とされます（昭39.7.20民事甲2594）。

弁済供託の管轄は、債務の履行地の供託所に供託すれば債権者が受け取りやすいだろうという考えで規定されているものです（P12～13のⅰ）。よって、債権者が供託を認めるのなら、有効としてしまって構わないんです。

☞ 「供託の受諾」とは？

供託の受諾：被供託者が、供託所に対して、供託者の供託を認める（還付する気がある）という意思を表示すること（供託規則47条）

第2章　供託受入手続

　「供託受入手続」とは、供託をする手続のことです。それに対して、供託された物の払渡しを受ける手続のことを「供託払渡手続」といいます。供託払渡手続は、第6章（P91〜115）で説明します。

手続が簡易

「P94」

　供託受入手続は、供託払渡手続に比べて、手続が簡易になっています。供託受入手続とは、供託者が金銭などを出す手続だからです。税金と同じです。税金も、徴収は雑にしますよね。会社員の方は年末調整、個人事業主の方は確定申告で、税金の一部が返ってきた経験があると思いますが、あれは源泉徴収が「大体これくらいだよね」とざっくり徴収しているため、税額が確定すると払い過ぎた分が返ってくるんです。国民側が金銭などを出す手続は、簡易になっていることが多いんです……。

　まずは、手続の流れをチャート図で確認しましょう。

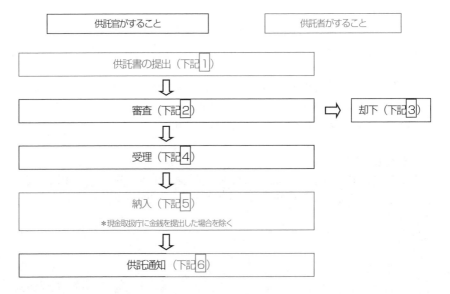

＊以下の説明をお読みになる際は、その都度このチャート図に戻って、今どこを学習しているのかを確認してください。

1 供託書の提出

> **供託規則13条（供託書）**
> 1 金銭又は有価証券の供託をしようとする者は、供託の種類に従い、第1号から第11号までの様式による供託書を供託所に提出しなければならない。

1. 供託書の様式

供託の種類に従って供託書の様式が定められています。供託の申請は、自由なフォーマットですることはできず、この様式に従ってする必要があります（供託規則13条1項）。

=P95

供託書の提出方法は、以下の2つがあります。

①供託書（書面）を提出

供託書を供託所の窓口に持って行ってもいいですし、郵送してもOKです（大11. 6.24民2367）。また、使者に、供託所の窓口に持って行かせてもOKです。

供託書の記載事項を電磁的記録媒体（CD-Rなど）に記録して提出することもできます（供託規則13条の3第1項前段）。

②申請書情報（データ）を送信

=P95

供託も、オンラインですることができます。ただ、供託物によってはオンラインでできない供託もあります。

オンライン申請ができる（○）	オンライン申請ができない（×）
①**金銭**（供託規則38条1項1号） ②**振替国債**（供託規則38条1項1号）	①**有価証券**（供託規則38条1項1号参照） 　有価証券は基本的に紙なので、オンラインでの処理に適さないからです。

オンラインでの手続については、第7章（P116〜118）で説明します。よって、第7章以外では、基本的に書面での手続について説明します。

2. 供託書の記載事項

では、供託書を実際にみてみましょう。供託の種類によって様式が異なりますが、次のページの供託書は家賃の弁済供託（受領拒否）のものです。

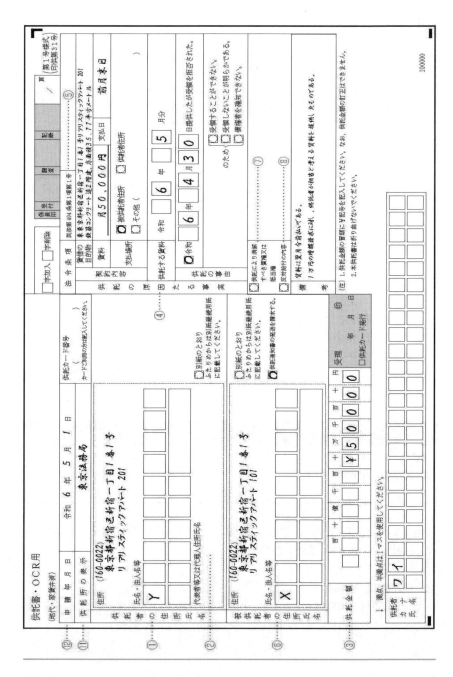

【供託書の記載事項】

①供託者の氏名・住所（法人などの場合は名称・主たる事務所・代表者などの氏名。供託規則13条2項1号）

　供託者については、法人であれば代表者などの氏名も記載する必要があります。供託者からすると自社のことですので、容易に記載できるからです。

　第三者による供託（P8（b））の場合、供託者の欄には第三者の氏名などを記載し、備考欄に第三者として供託する旨を記載します（昭18.8.13民事甲511、昭41.12.15民事甲3367）。第三者による供託は、供託者が第三者となるからです。

　相続財産管理人・相続財産清算人（民法897条の2、952条1項、953条）や遺言執行者（民法1012条）など自分の名で他人の財産を管理する者も、本人ではなく、管理人自らが供託者となります。これらの者は、自分の名で財産を管理しているからです。

②代理人の氏名・住所（供託規則13条2項2号）

　供託の手続は、代理人（任意代理人である司法書士、法定代理人である成年後見人など）によってすることもできます。代理人については、住所も記載する必要があります。

③供託金の額または供託有価証券の名称・総額面・券面額など（供託規則13条2項3号）

④供託の原因たる事実（供託規則13条2項4号）

　前ページの例のように、事案に応じて具体的に記載します。

⑤供託根拠法令の条項（供託規則13条2項5号）

　供託をするには根拠法令が必要なので（P9①）、記載します。

⑥被供託者の氏名・住所（法人などの場合は、名称・主たる事務所。供託規則13条2項6号）

　被供託者については、上記①の供託者と異なり、法人でも代表者などの氏名を記載する必要はありません。供託者からすると相手方のことですので、代表者などの氏名まで記載しなければならないとなると、わざわざ調べないといけなくなるからです。

⑦供託により消滅する質権・抵当権の表示（供託規則13条2項7号）

ex.「千代田区千代田1丁目1番の土地の東京法務局平成23年4月1日受付第13456
　　号の抵当権」などと記載します。

　弁済供託をすると債務が消えます（民法494条）。よって、その債務が質権・抵当
権で担保されていれば、付従性で質権・抵当権も消滅します。

　なお、供託によって債務は消滅して付従性で質権・抵当権が消滅しますが、質権・
抵当権の登記がされている場合に、その登記が職権抹消されることはありません。供
託後に、抹消の登記を申請する必要があります。

⑧反対給付を受けることを要するとき（民法498条2項）は反対給付の内容（供託規
　則13条2項8号）

ex1. 家賃の弁済供託における家屋の修繕義務（昭45.12.22民事甲4760）

ex2. 不動産の売買代金の弁済供託における所有権の移転の登記

ex3. 受取証書の交付

　この⑧がある供託がされると、被供託者は反対給付をしたことを証する書面を添付
しないと還付できなくなります（P110（b））。

　なお、抵当権付き債権についての弁済供託において、抵当権の抹消の登記を反対給
付の内容とすることは原則としてできません。民法上、債務の弁済が先履行だからで
す（最判昭57.1.19）。

ex. 住宅ローンの場合、ローンを完済した後に抵当権の抹消の登記に必要な書類が銀
　　行から渡されます。

　ただし、例外的に、債務の履行と抵当権の抹消の登記を同時履行とする特約がある
場合は、反対給付の内容として記載できます（昭42.3.6民事甲353）。

⑨取戻し・還付に必要な官庁の承認などに関する事項（供託規則13条2項9号）

⑩裁判上の手続に関する供託の場合は、裁判所の名称・件名・事件番号（供託規則13
　条2項10号）

⑪供託所の表示（供託規則13条2項11号）

⑫供託申請年月日（供託規則13条2項12号）

※供託書に金銭などを記載する場合、アラビア数字（「1」「2」「3」など）を用い
　なければなりません（供託規則6条2項本文）。ただ、縦書をするときは「壱」「弐」
　「参」「拾」などの文字を用いなければなりません（供託規則6条2項ただし書）。
※供託書には、供託者や代理人などの押印は要しません。供託受入手続は手続が簡易
　なので、押印さえ要らないんです（P16の「手続が簡易」）。

3. 供託書の訂正の可否
（1）原則
　供託書を書くときに、書き間違えてしまう場合もありますよね。書き間違えた場合は、原則として訂正をすることができます（供託規則6条4項本文）。このとき、押印は要りません（供託規則6条5項）。P20の下の※のとおり、供託書は押印が要らない文書なので、訂正の際も押印が要らないんです。

（2）例外
　ただし、供託金額、有価証券の枚数・総額面は、訂正をすることができません（供託規則6条6項）。P20の下の※のとおり、供託書は押印が要らない文書なので、訂正をする際に押印はしないことになります。押印なしで、供託金額など最も大事な記載を訂正させるわけにはいかないんです。供託金額などを書き間違えたら、面倒ですがすべて書き直してください。そこで、供託金額などから書くことをお勧めします。

4. 添付書類・提示書類
　不動産登記や商業登記では、基本的に添付書類が求められました。しかし、供託するときは基本的に添付書類は不要です。たとえば、不動産登記の登記原因証明情報のように、供託原因を証する必要はありません。P18のような供託書の記載を信じるわけです。やはり供託受入手続は手続が簡易だからです（P16の「手続が簡易」）。

（1）必要となり得る添付書類・提示書類
　ただ、供託するときでも、添付・提示が求められることがある書類があります。不動産登記や商業登記では、「提示」という言葉は出てきませんでした。「提示」とは、供託所の窓口で書面を見せるだけでOKで、その書面を持って帰れるということです。

①資格証明書（供託規則14条1項前段、2項、3項）
　法人や法人でない社団または財団が供託するときは、代表者または管理人の資格を証する書面を添付・提示する必要があります。法人などが供託者となるときは、実際に供託の申請をするのは代表者などです。その代表者が本当に代表権のある者であるかなどを証する必要があるため、添付・提示します。不動産登記で法人が申請をする場合に、会社法人等番号（代表者の資格を証する情報）の提供が要求されるのと同じ趣旨です。── 不動産登記法Ⅰのテキスト第1編第6章第7節2

	法人		法人でない 社団または財団
	登記されている	登記されていない	
添付書類 提示書類	登記事項証明書 （供託規則14条1項前段）	関係官庁の証明書 （供託準則31条）	定款または寄附行為および代表者または管理人の資格を証する書面（ex. 代表者の選任決議書）など
添付・提示	提示 （供託規則14条1項前段）＊ 同じ法務局の法人登記部門で、法人の代表者を確認できるからです。	添付 （供託規則14条2項、3項）	
		他の官庁が証明書を作成するので、問題が発生したときに備えて、証明書を供託所に残す必要があるからです。	社団または財団の存在の有無および代表者または管理人の定めがあるかどうかを確認するためです。

　なお、破産管財人など法律上自己の名において他人の財産を管理する権限を有する者は、管理している財産についての債務について弁済供託ができます。破産管財人が供託する場合には、資格証明書として裁判所の選任を証する書面を添付します。

②代理権限証書（供託規則14条4項前段）
　代理人が供託するときは、代理人の権限を証する書面（ex. 司法書士が代理して申請する場合の委任状、支配人が会社を代理して申請する場合の登記事項証明書〔＊〕）を提示する必要があります（供託規則14条4項前段）。供託者でない者が申請するので、供託者との関係（代理権の存在）を証する必要があるからです。ただ、供託をするときの代理権限証書は、常に「提示」でOKです。やはり供託受入手続は手続が簡易だからです（P16の「手続が簡易」）。

＊供託規則では上記のように規定されていますが、実際には、上記①②の登記事項証明書の提示は、省略することができます（情報通信技術活用法11条）。供託所のほうで、登記情報連携システムと供託事務処理システムというシステムの連携で、確認することができるからです。要は、供託所のほうで確認できるのです。

③振替国債に関する資料（供託規則14条の2）
　振替国債（P11（4））を供託するときは、振替国債の銘柄、利息の支払期および償還期限を確認するために必要な資料（ex. 振替国債の購入時に銀行などで受け取る書面）を提示する必要があります（平17.3.1民商544）。

※印鑑証明書の添付・提示の要否

供託者は、供託書に実印で押印する必要はなく、印鑑証明書の添付・提示も不要です。委任による代理人が申請する場合の委任状についても同じです。

供託をするということは、金銭などを出すということです。わざわざ金銭などを出す供託者になりすます人はあまりいないと思われるので、実印で厳重に意思確認をする必要まではないんです。

（2）簡易確認手続

登記された法人の代表者の資格証明書と支配人の代理権限証書は、提示さえ省略することもできます（供託規則14条1項後段、4項後段）。そのための手続が、「簡易確認手続」です。この手続は、次のようなものです（窓口申請の場合）。まず、法務局の供託部門の窓口に行って（右の図の①）、簡易確認手続を利用したい旨を申し出ます。すると、供託官が登記官への依頼書を交付してくれます。その依頼書を持って法人登記部門に行くと（右の図の②）、「公用」と記載された証明書が"タダ"で交付されます。これを持ってまた供託部門に行くと（右の図の③）、登記された法人の代表者の資格証明書と支配人の代理権限証書の提示に代えてくれます（供託規則14条1項後段）。登記事項証明書を取得する数百円を節約できます。

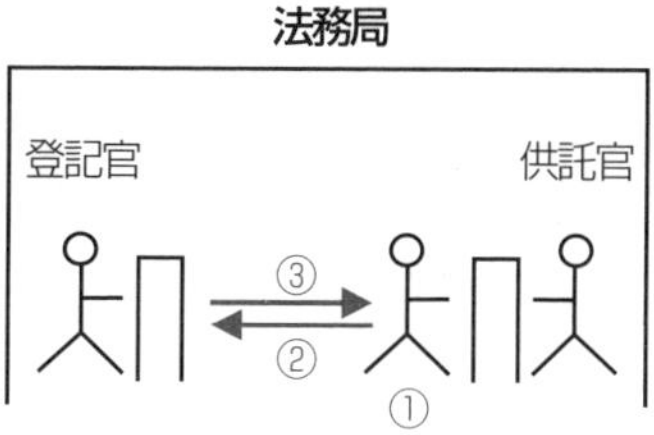

法務局

なお、かつては、供託所と代表者・支配人の代表権・代理権を証明すべき登記所が同一でなければならないとされていました。しかし、令和4年の改正で、同一でなくても簡易確認手続を利用できるようになりました。供託をする者の利便性を上げるためです。また、異なる登記所でも、代表者・支配人の代表権・代理権の証明はできます。

不動産登記に類似

以下の（3）～（5）の規定は、不動産登記に類似しています。同じ法務局での手続なので、類似した手続も多いのです。

（3）添付書類・提示書類の有効期間

以下の①②の書面は、原則として作成後3か月以内のものである必要があります（供託規則9条）。「作成後3か月以内」とは、要は役所などで取得してから3か月以内ということです。

①資格証明書
②官庁または公署が作成した代理権限証書

　不動産登記にも、同趣旨の規定がありましたね。── **不動産登記法Ⅰのテキスト第1編第6章第4節[3]3.**

（4）添付書類の省略

　同一の供託所に対して同時に数個の供託をすることもできます。この場合に、供託書の添付書類に内容が同一のものがあるときは、1個の供託書に1通を添付すれば足ります（供託規則15条前段）。申請人の負担を考慮した規定です。

　これも、不動産登記に同趣旨の規定がありました。── **不動産登記法Ⅰのテキスト第1編第6章第11節[1]1.**

（5）原本還付

　供託書に添付した書類については、原本還付の請求ができます（供託規則9条の2第1項本文）。

　これまた、不動産登記に同趣旨の規定がありましたね。── **不動産登記法Ⅰのテキスト第1編第6章第11節[2]1.**

　なお、委任による代理人が原本還付の請求をする場合には、代理人の権限を証する書面（委任状）を提示する必要があります（供託規則9条の2第4項）。

2 　審査

　供託の申請がされると、供託官は提出された供託書と（あれば）添付書類・提示書類の審査をします。供託官が審査できるのは供託書と添付書類・提示書類だけであり、形式的審査権しか有していません。債権者に電話して、「本当に債務者は弁済の提供をしたのか？」といったことを調べることはできないんです（実質的審査権を有していません）。

※実体上の審査をすることができないのか？

　供託官には原則として実質的審査権がありませんが、実体上の審査はできます（最判昭59.11.26）。「実質的」と「実体上」は、意味が違います。「実質的」とは、電話などをして調べたりすることです。「実体上」とは、民法などの実体です。

ex. 供託官は、債権者の受領拒否を原因とする弁済供託の申請において、供託書に債務者が弁済の提供をした旨が記載されているかを審査することはできます。

　審査権も、不動産登記と商業登記の登記官の審査権とほとんど同じですね。── 不動産登記法Ⅰのテキスト第1編第5章第3節[2]、会社法・商法・商業登記法Ⅰのテキスト第2編第3章第3節[2]

3 却下

　供託官は、供託を受理すべきでないと認めるときは、却下決定書を作成して供託者に交付します（供託規則21条の7）。

4 受理

　供託官は、供託を受理すべきであると認めるときは、供託受理の手続をします。
　そして、供託官は、供託書正本に以下の①～③などの事項を記載して、供託者に供託書正本の交付または告知をします（供託規則18条1項、19条1項、20条2項前段、20条の2第2項、20条の3第2項）。

①供託を受理する旨
②供託番号
③一定の納入期日までに供託物を納入すべき旨およびその期日までに供託物を納入しないと受理の決定は効力を失う旨（＊）
＊現金取扱庁（P26①）であれば、供託金を受領した旨を記載します（供託規則20条2項前段）。
　納入期日は、原則として供託を受理した日から1週間後の日である必要があります（供託準則37条）。通常は8日後の日が指定されます。

　基本的には、受理後に供託金などの納入となります（下記[5]）。「供託書正本」は、供託をした旨の証明書になるものなのですが、供託物の納入方法によっては、なんと供託物の納入の前に供託者に交付してしまうこともあるんです。上記③のとおり、期日までに供託物を納入しないと受理の決定は効力を失うとするので、このようなことができます。

5 納入

　供託は、受理されても、基本的にはまだ成立しません。供託が成立するのは、供託物が納入された時です。

　供託物が牛である場合に牛を牧場に預けたりすることもありますが、ここでは基本的な、供託物が金銭、有価証券または振替国債である場合をみていきます。供託物が金銭、有価証券または振替国債である場合の納入方法は以下のとおりです。

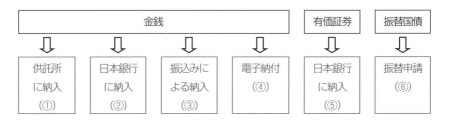

【金銭】

①供託の申請をした供託所が現金取扱庁だと、供託所に現金を持って行きます（供託規則20条1項）。郵送で申請する場合、現金を現金書留で送ってもOKです。供託所には、現金を取り扱う供託所と取り扱わない供託所があるんです。現金を取り扱う供託所は、原則として各都道府県に1つある法務局または地方法務局（本局）と支局の一部です。この①の方法は、供託所に現金を納入します。P16のチャート図をご覧いただきたいのですが、最初の「供託書の提出」の段階で「納入」もしてしまいます。「審査」や「受理」の前に納入となるんです。供託の申請をした供託所が現金取扱庁でない場合は、下記②～④のいずれかの方法による必要があります。

②供託の受理時に交付される保管金払込書（供託規則18条1項）を日本銀行に持参して納入します。日本銀行は、東京にしかないわけではなく、全国に支店があり、また、全国にある民間の金融機関が日本銀行の代理店になっているので、近場で納入できます。

③供託官は原則として各供託所に1人なのですが、その供託官が金融機関に供託金の振込みを受けることができる預金口座を開設していれば、その口座に振り込む方法で納入できます（供託規則20条の2第1項）。供託金は億単位になることもあり、持ち歩くのは危険を伴うこともあるので、この振入方式が認められました。

④電子納付は、「ペイジー（Pay-easy）」という方法によります。「ペイジー（Pay-easy）」は税金や公共料金などの支払をする方法であり、ネットバンキングやATMで納入できます（供託規則20条の3第1項）。

【有価証券】

⑤供託の受理時に交付される供託有価証券寄託書（供託規則18条1項）を日本銀行（の代理店である民間の金融機関）に持参して納入します。有価証券までは供託所では扱えないので、日本銀行が扱うとされているんです。

⑥口座管理機関（銀行などの金融機関）の供託者の振替国債の口座から、供託所の振替国債の口座に振替申請をする方法で納入します（供託規則19条1項）。

6 供託通知

1. 供託通知とは？

　供託通知は、被供託者に供託をした旨を知らせるためにします。供託は、被供託者の関与なく、供託者だけでできます。よって、被供託者は供託されたことを知りません。

軽い

　供託通知は軽いというイメージを持ってください。単なるお知らせにすぎないからです。「供託物払渡請求をする際に、供託通知書を添付しなければならない」といったひっかけが出題されることがありますが、そのような規定はありません。供託通知は、単なるお知らせにすぎないため、供託物払渡請求をする際に添付を求められたりすることはありません。

2. 供託通知をする必要がある供託

　供託通知は、すべての供託においてする必要があるわけではありません。

供託の種類		供託通知の要否
①弁済供託		**要** （民法495条3項、供託準則33条1項） ただし、被供託者が行方不明の場合などは除きます。
②保証供託	営業保証供託	**不要** （供託準則33条1項参照） 供託時に「被供託者○○さん」と決まっていません（P5※）。決まっていたら、「○○さんに損害を加えます！」ということですので、怖すぎます……。
	裁判上の保証供託	**不要** （供託準則33条1項参照） 供託者は、供託をしたら、被供託者ではなく裁判所に知らせます。

供託の種類	供託通知の要否
③執行供託	**供託によって異なる** （供託準則33条1項参照） 第4章第2節〜第4節で説明します。
④没取供託	**不要** （供託準則33条1項参照）

3．通知の方法

　供託通知の方法は、以下の2つがあります。

①供託者自らが被供託者に通知をする
②供託官に供託通知書の発送を請求して供託官に通知してもらう（供託規則16条1項前段）

　この②の方法によるときは、供託者は、供託官が供託通知書を送るための封筒（郵便切手などを付けたもの）を供託書に添付する必要があります（供託規則16条2項）。供託通知書は、供託者の選択に従って、普通郵便、書留郵便、配達証明郵便などの方法で発送します（供託準則45条1項）。普通郵便でも構わないのは、供託通知書は重要なものではないからです（P27の「軽い」）。

　供託者が、①②のどちらの方法によるかを選択できます。かつては、②の方法しか認められていませんでした。しかし、平成17年の改正で、供託はオンラインでもできるようになりました。オンラインで供託する際に、郵便切手などを付けた封筒を供託所に持参したり郵送したりしないといけないとなると、オンラインでの供託を認めた意味があまりありません。そこで、平成17年の改正で、①の方法も認められたんです。また、供託通知書は軽いので（P27の「軽い」）、供託者にさせてもいいという理由もあります。

4．効果

　供託通知をする必要がある供託において、供託通知がされなかったときでも、供託の効力に影響はありません。また、上記3.の②の供託官が行う供託通知書の発送は、行政訴訟の対象とはなりません。

　供託の通知は、被供託者に供託をした旨を知らせるためのものにすぎないからです（P27の「軽い」）。

7 一括供託

　不動産登記や商業登記に、一括申請できる場合がありました。—— **不動産登記法Ⅱの テキスト第5編第11章、会社法・商法・商業登記法Ⅰのテキスト第2編第5章**2**3.**※　供託も、供 託官が相当と認めるときは、一括供託をすることができます（供託準則26条の2）。 「相当と認めるとき」とは、以下の①②を充たす場合です（昭53.2.1民四.603）。

①供託原因たる事実に共通性が認められるため、供託書に一括して記載するのが便宜
　であること
②供託物の取戻しまたは還付も一括してなされる蓋然性（確率）が高いこと
ex1. 数か月分の家賃の一括供託（昭39.8.22民事甲2871）
ex2. 公営住宅の入居者が集団でする家賃の一括供託

※当事者や供託原因が異なってもOK です（供託準則26条の2）。
ex1. 上記ex2.は、供託者が異なります。
ex2. 供託原因が受領拒否と受領不能（P30①、②）でもOK です。

P112

弁済供託

このテキストで扱う供託は、弁済供託、保証供託（営業保証供託・裁判上の保証供託）、執行供託および没取供託ですが、このうち、論点の多い「弁済供託」と「執行供託」については、1つの章を設けて説明します。弁済供託はこの第3章で、執行供託は次の第4章で説明します。

民法494条（供託）

1　弁済者は、次に掲げる場合には、債権者のために弁済の目的物を供託することができる。この場合においては、弁済者が供託をした時に、その債権は、消滅する。
　一　弁済の提供をした場合において、債権者がその受領を拒んだとき。
　二　債権者が弁済を受領することができないとき。
2　弁済者が債権者を確知することができないときも、前項と同様とする。ただし、弁済者に過失があるときは、この限りでない。

1　弁済供託とは？

弁済供託：債務者が債権者に弁済できない事情がある場合にする供託

弁済できない事情は、基本的には以下の①〜③の3つです。基本的には、以下の①〜③が弁済供託の原因となります。

①受領拒否：債務者が弁済の提供をしたが、債権者が弁済の受領を拒否している（民法494条1項1号）

＊受領拒否は、「受領拒絶」ということもあります

ex. アパートの大家Xが近隣の家賃相場の上昇を理由に、弁済期日に従前どおりの金額を持参した賃借人Yの家賃を受け取らない場合に、Yが供託するときの原因が受領拒否です。

②受領不能：債権者が弁済を受領することができない（民法494条1項2号）

ex. アパートの大家Xが世界一周旅行中であり不在であったため、弁済期日に家賃を持参した賃借人Yが弁済できない場合に、Yが供託するときの原因が受領不能です。

③債権者不確知：債務者がどの者に弁済してよいか過失なくわからない（民法494条2項）

ex. アパートの大家Xが突然病で急逝してしまい、賃借人YはXの生前にXと特に交
　　流がなかったため、Xの相続人が誰であるかわからず弁済できない場合に、Yが
　　供託するときの原因が債権者不確知です。

　この①～③のような原因があれば供託できるのですが、ここで「②の ex.とか、Y
は弁済期日にXの所に家賃を持って行ったんだから、債務の本旨に従って現実の提供
をしているわけで（民法493条本文）、損害金などを支払う必要がないんじゃないの？
供託しなくてもいいのでは？」と思われたかもしれません。たしかに、損害金などを
支払う必要はありません。しかし、弁済の提供をしただけでは債務は消えません。そ
の後、Xが世界一周旅行から帰ってくるまで（たとえば1年後まで）、家賃を用意し
ておく必要があります。翌月分も翌々月分もです。そこで、供託をすれば、債務が消
えます（民法494条1項柱書後段）。Yは、世界一周旅行から帰ってきたXに何か言
われても、「供託して債務は消えたので、あとはご自由に供託所に取りに行ってくだ
さい」と言えるんです。

2 法的性質

　法的性質なので、少し小難しいハナシになってしまいます。弁済供託には、以下の
2つの側面があります。

①私法関係

　弁済供託は、債務者の供託の申請を受
けて、供託官が債権者のために供託物を
受け入れて管理するものなので、民法上
の第三者のためにする寄託契約の性質を
有します（最判昭 50.11.20）。債務者が寄
託者（要約者）、供託官が受寄者（諾約者）、
債権者が第三者となります。

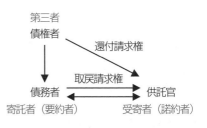

　ただ、通常の第三者のためにする契約（民法537条3項）と異なるのは、第三者（債
権者）の受諾の意思表示がなくても、債権者は還付請求権（P5）を取得し、債務の
消滅の効果が生じる点です（民法494条1項柱書後段）。── 民法Ⅲのテキスト第6編第3章
第2節3③

②公法関係

　しかし、供託官の地位は、単に民法上の寄託契約の受寄者の地位にとどまりません。

　たとえば、債務者から取戻請求（P5）を受けたときには、行政機関としてその請求について理由があるかどうかを判断する権限があります（最大判昭45.7.15）。通常の寄託契約の受寄者にはこのような権限はなく、寄託者から寄託物の返還を請求されたら返還する必要があります（民法662条1項）。—— **民法Ⅲのテキスト第7編第8章3** 1.　供託には、法秩序の維持、安定を期するという公益上の目的があるからです。

※代理人が顕名を欠いた場合

　供託の手続は、代理人によってすることもできました（P19②）。しかし、代理人が債務者本人のためにする意思はありましたが、本人のためにすることを表示することなく供託をしたことがありました。具体的には、賃借人の子が、賃借人である父のためにする意思で家賃を供託しましたが、供託書（P18）に供託者として子の氏名・住所を書いてしまいました。この場合でも、大家が父のためにされたものであることを知っていたまたは知り得べきであったときは、この弁済供託は債務者である父が大家に対してしたものとしての効力を有します（最判昭50.11.20）。

　民法と同じように扱われるわけです（民法100条ただし書）。—— **民法Ⅰのテキスト第2編第6章第2節2** 2.（2）

３　弁済供託の実体上の有効要件

　弁済供託が有効に成立するには、以下の①〜③の実体上の要件を充たしている必要があります。以下の①〜③のいずれかの要件を充たしていないと、手続上、供託が受理されても無効な供託となります。

①債務の存在・確定（下記1.）
②債権が同一内容のものであること（下記2.）
③供託原因があること（下記3.）

１．債務の存在・確定（要件①）

　債務が存在し、確定していることが要求されるのは、以下の理由によります。

「存在」　→　ないものは消せないからです。
ex. 賃料を弁済期前に供託することは、できません。賃料債務の弁済期前は、まだ賃料債務が存在していません。
「確定」　→　不確かなものは消せないからです。不確かだと、何を消していいか不明です。

債務が存在し、確定しているかが問題となる債務を具体的にみていきます。

（1）賃料
（a）将来の賃料

賃料は、弁済期の前に賃借人が供託することができるでしょうか。

できません（昭 24.10.20 民事甲 2449、昭 28.11.28 民事甲 2277）。

ex1. 家賃の支払日が「前月末日」とされている場合に、賃借人が 4 月 20 日に 5 月分の家賃を持参して大家に受領を拒否されても、賃借人は供託をすることはできません。「前月末日」なので、4 月 30 日にならないと債務が存在しないからです。

ex2. 家賃の支払日が「翌月末日まで」とされている場合に、賃借人が 5 月に 5 月分の家賃を持参して大家に受領を拒否されても、賃借人は供託をすることはできません。6 月になれば 6 月 1 日であったとしても、5 月分の家賃を持参して大家に受領を拒否されたのであれば、供託できます。「翌月末日まで」なので、6 月になれば債務が存在するからです。

ex3. 家賃の支払日が「毎月末日まで」とされている場合に、賃借人が 4 月に 5 月分の家賃を持参して大家に受領を拒否されても、賃借人は供託をすることはできません。5 月になれば 5 月 1 日であったとしても、5 月分の家賃を持参して大家に受領を拒否されたのであれば、供託できます。「毎月末日まで」なので、5 月になれば債務が存在するからです。

これらは、賃貸人が賃料を受領しないことが明らかであるとき（不受領意思明確）でも、同じです（昭 39 全国供託課長会同決議）。

「期限の利益を放棄できないの？」と思われたかもしれません。しかし、賃貸借は、売買や消費貸借と性質が異なります。売買や消費貸借であれば、弁済期の前に期限の利益を放棄して弁済することができます（民法 136 条 2 項本文、591 条 2 項）。── 民法 I のテキスト第 2 編第 8 章第 3 節 ② 3．売買や消費貸借は、弁済期の前でも債務は存在しています。弁済する日になっていないだけです。それに対して、賃貸借は、弁済期になるまで債務が発生しません。賃貸借の賃料債務は、賃貸人の使用収益させる債務の対価だからです。よって、弁済期前には債務が存在していないので、期限の利益を放棄して弁済することができないんです。

（b）相殺後の賃料

賃貸人が賃貸借の目的物の修繕をしないため、賃借人が修繕した場合、賃借人は、修繕代金請求権を自働債権、賃料債権を受働債権として、相殺することができます。では、賃借人がこの相殺をし、残額の賃料を提供して賃貸人に受領を拒まれたときは、相殺後の残額の賃料を供託できるでしょうか。

できます（昭40.3.25民事甲636、昭41.11.28民事甲3264）。

賃貸人には、目的物の使用収益に必要な修繕をする義務があります（民法606条1項本文）。── 民法Ⅲのテキスト第7編第5章第2節[1]1.③　よって、修繕費は賃貸人が負担する必要があるため、この相殺は適法であり、相殺後の残額の賃料は存在し確定しているからです。

賃貸借契約の継続中に、賃借人は、敷金返還請求権を自働債権、延滞賃料債権を受働債権として、相殺をしたうえで、相殺後の残額の延滞賃料を供託することはできるでしょうか。

できません。

敷金返還請求権は、賃貸借が終了し賃貸物を返還したときに発生します（民法622条の2第1項1号）。── 民法Ⅲのテキスト第7編第5章第4節[1]3.　よって、賃貸借契約の継続中に敷金返還請求権を自働債権として相殺をすることはできません。

（2）不法行為による損害賠償

不法行為の加害者と被害者との間で、損害賠償額に争いがあることがよくあります。損害賠償額について合意されていない段階で、加害者が任意に算定した額で供託することができるでしょうか。

任意に算定した額ではダメだろう……と思いきや、できます（昭32.4.15民事甲710、昭41.7.5民事甲1749）。

損害賠償債務は、不法行為時に発生しますので、すでに存在しています。そして、供託官には形式的審査権しかないので（P24～25[2]）、加害者が任意に算定した額が実際の損害賠償額と一致するかまでは審査できないんです。

（3）公共料金

公共料金が値上げされた場合に、従来の料金を提供して受領を拒否されたとして、供託することができるでしょうか。

できません（昭50.3.17民四.1448）。

公共料金の決定は、国の認可によってされます。よって、文句を言いたいのなら、

行政訴訟を提起すべきです。あと、これで供託を許していたら、供託だらけになってしまいますよね……。納得できない人も多いでしょうし。

2．債権が同一内容のものであること（要件②）

債務者が弁済供託をすると、債権者の有していた債権は消滅し、その代わりに債権者は供託所に対して還付請求権（P5）を取得します。還付請求権は債権者の有していた債権の代わりとなるものですので、債務者が弁済供託する内容は消滅する債権と同一の内容のものでなければなりません。

ex. 5万円の家賃債務がある場合、5万円全額を供託しなければなりません。4万円ではダメです。

※一部の供託

よって、債務の一部の額の供託は無効です（大判大2.7.16）。

しかし、債務の一部の額の供託が誤って受理されることが続き、合計額が債務全額に達した場合、有効な供託となります（最判昭46.9.21）。「誤って受理されることなんてあるの？」と思われるかもしれませんが、供託官には形式的審査権しかないのであり得ます。しかし、債務全額に達したのであれば、結果オーライということで有効にしてしまったほうが合理的です。

3．供託原因があること（要件③）

弁済供託の供託原因は、主に以下の3つでした。1つ1つ詳しくみていきます。

①受領拒否（下記（1））
②受領不能（P40〜41（2））
③債権者不確知（P42〜45（3））

（1）受領拒否
（a）要件

受領拒否を原因として弁済供託をするには、債務者が弁済の提供をしたが、債権者が受領を拒否したことが必要です（民法494条1項1号）。「弁済の提供」は、民法で学習した弁済の提供です。── 民法Ⅲのテキスト第5編第6章第1節4 弁済の提供とは、要は「債権者が動いてくれないと、もうどうしようもないというところまで債務者がやることをやった」ということです。この弁済の提供について、詳しくみていきます。

ⅰ　原則

原則として、現実の提供をしないと、供託できません（民法493条本文。大判明40.5.20）。

ex. 家賃であれば、賃借人Ｙは大家Ｘの住所まで持って行き、支払をする旨を伝える必要があります。ただ、Ｘの面前に家賃を提示する必要まではありません（最判昭23.12.14）。

ⅱ　例外

以下の①または②の場合は、口頭の提供をすれば、供託できます。「口頭の提供」とは、債務者が弁済の準備をしたことを債権者に通知して、債権者の受領を催告することです（民法493条ただし書）。債権者の住所まで持って行く必要はないんです。

①債権者があらかじめ受領を拒絶した場合

債権者が拒絶しているのに、「現実の提供までしろ」というのは、債務者に過度な負担となるからです。

②債権者の行為を必要とする場合（ex. 取立債務）

債権者の協力がなければ弁済することが不可能だからです。

※口頭の提供も不要とされる場合

上記①の受領拒絶よりもさらに進んで、確定的・終局的な受領拒絶意思が明確である場合には、債務者は口頭の提供をしなくても供託できます（最大判昭32.6.5。昭37.5.31民事甲1485、昭39.6.16民事甲2104）。弁済の提供をしても債権者の気が変わる可能性はないと考えられるからです。

ex. 大家Ｘが賃貸借契約そのものの存在を否定し、賃借人Ｙを相手方として訴えを提起している場合、Ｙは口頭の提供さえすることなく、供託できます。

この場合、遅延損害金を合わせて供託する必要はありません（最大判昭32.6.5参照）。弁済の提供をまったくしていなくても、遅延損害金が発生しないからです。

（ｂ）事案ごとの債務者がすべきこと

この（ｂ）で、事案ごとに債務者がすべきことをみていきます。債務者がすべきこと、受領拒否を原因とする弁済供託ができるかの判断基準は、以下のとおりです。

　債務の本旨に従った弁済の提供をしているかどうかです。債務の本旨に従った弁済の提供をしていないと、受領拒否を原因とする弁済供託はできません。債務の本旨に従っているかは、民法など実体法の規定がどうなっているかから考えます。

ⅰ　利息・遅延損害金

　利息や遅延損害金が生じているのであれば、利息や遅延損害金も提供しないと、受領拒否を原因とする弁済供託はできません。

ex1. 弁済期を令和6年12月31日とする利息の定めのある金銭消費貸借の借主Yが、期限の利益を放棄して令和6年6月30日に債権者Xに返済金を持参して受領を拒否されたとして供託するには、その前提として、元本と、Xが弁済期の前に返済を受けることによって損害を受ける場合は本来の弁済期（令和6年12月31日）までの利息を提供する必要があります（昭39.2.3民四.43参照）。消費貸借の債務者は期限の利益を放棄できるので（民法136条2項本文、591条2項。P33（a））、期限の利益を放棄すれば令和6年6月30日でも返済できます。期限の利益を放棄して返済した場合に本来の弁済期（令和6年12月31日）までの利息を支払う必要があるのは、平成29年の民法改正で、本来の弁済期の前に返済を受けることによって貸主が損害を受けた場合となりました（民法591条3項）。損害を受けたかは、事案ごとの解釈によります。—— **民法Ⅲのテキスト第7編第3章**3**1.（2）**

ex2. 手付が交付された売買契約において、売主Yが手付解除をするために買主Xに手付金の倍額を持参して受領を拒否されたとして供託するには、その前提として、手付金の倍額を提供すればOKです。遅延損害金の提供は不要です。手付解除をするのに、遅延損害金は発生しないからです（民法557条2項）。—— **民法Ⅲのテキスト第7編第2章第1節**2**2.（2）（c）**

ex3. 賃借人Yが弁済期の経過後に大家Xに家賃を持参して受領を拒否されたとして供託するには、その前提として、家賃と遅延損害金を提供する必要があります（昭38.5.18民事甲1505、昭38.5.27民事甲1569。最判昭59.11.26）。家賃を持参したのが弁済期の経過後ですから、遅延損害金も提供する必要があるからです。

ex4. 加害者Yが不法行為に基づく損害賠償金を被害者Xに持参して受領を拒否されたとして供託するには、その前提として、賠償額と不法行為時から弁済の提供をした時までの遅延損害金を提供する必要があります（昭55.6.9民四.3273）。不法行為の遅延損害金は、被害者（債権者）を保護するため、不法行為時から発生するからです。—— **民法Ⅰのテキスト第2編第10章第3節**3**2.**

※利息制限法の制限を超える利息や遅延損害金の供託の可否

　金銭消費貸借契約に利息制限法の制限を超える利息や遅延損害金が定められていた場合に、契約どおりの利息や遅延損害金を含めて供託することはできません（昭38.1.21民事甲45）。

　利息制限法の制限を超える利息や遅延損害金は、超える部分は無効です（利息制限法1条柱書、4条1項）。そこで、この供託を認めると、国が違法金利を認めたことになってしまいます。それは、違法金利を促進することになりかねません。

ii　賃料債務
（i）増額請求・減額請求

　契約は、原則として、成立後に一方的に内容を変更することはできません。しかし、借地借家法が適用される借地契約・借家契約ですと、近くの土地・建物の地代や借賃の相場と比較して不相当になったときなどは、契約当事者の一方が他方に対して、原則として地代や借賃の増額請求または減額請求をすることができます（借地借家法11条1項本文、32条1項本文）。賃貸マンションに住んでいたところ、大家さんから「ここらへんの家賃相場は上がってきているから、家賃を1万円上げさせてもらう」と言われたといったハナシを聞いたことがないでしょうか。この規定が根拠なのです。ただ、いきなり増額を請求されても、借り手のほうは納得できない場合もありますね。借り手が減額請求をした場合に、貸し手のほうが納得できない場合もあります。そこで、借り手が地代や借賃を貸し手の所に持参し、貸し手が受け取らなかったら、借り手は供託できます。では、借り手が持参すべき地代や借賃は、従前の額でしょうか。それとも、増額請求または減額請求がされた額でしょうか。

　従前の額（相当と認める額）です（昭41.7.12民事甲1860、昭46全国供託課長会同決議）。たとえば、従前の家賃が5万円であったのであれば、賃借人は、大家から6万円に増額請求がされても

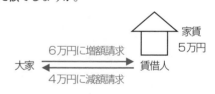

5万円を持参すればいいですし、逆に賃借人が4万円に減額請求をしたのであれば5万円を持参する必要があります。増額請求または減額請求がされても、その請求どおりの額となるとは限らないからです。話し合いか裁判で決まります。

　供託した額が、その後確定した額に不足するまたはその後確定した額を超えることがあります。不足していた場合は、賃借人が不足額に加えて不足額の年10％の利息を（借地借家法11条2項ただし書、32条2項ただし書）、超えていた場合は、大家が超

えていた額に加えて超えていた額に年10%の利息を支払う必要があります（借地借家法11条3項ただし書、32条3項ただし書）。年10%とかなり高い利率なのは、ペナルティを大きくすることで、できる限り客観的に相当な額に近い供託がされるようにしているんです。

※公営住宅の家賃の供託の可否

P34
」

公営住宅の家賃が値上げされたのに対し、賃借人が従前の家賃を提供して受領を拒否された場合、賃借人は供託できます（昭51.8.2民四4344）。

「公営住宅」とは、低所得者向けに都道府県や市町村が賃貸している住宅です。公営ですが、契約は私法上の賃貸借契約なので、供託が認められるのです。P34〜35（3）の公共料金と混同しないよう、ご注意ください。

（ii）賃貸人または賃借人の死亡
ア　賃貸人の死亡

たとえば、大家Xが死亡して、子A、BがXを相続しました。A、Bの間で遺産分割が行われていない場合、Yが家賃5万円を供託するには、その前提として、A、Bのいずれにいくらの家賃を提供すべきでしょうか。

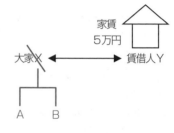

Aに2万5000円、Bに2万5000円です。Aに5万円を提供しただけでは、2万5000円しか供託できません（昭35全国供託課長会同決議。昭36.4.4民事甲808）。

賃料債権は、法定相続分に応じて、A、Bが当然に分割して取得するからです。——民法Ⅲのテキスト第10編第3章第3節[1] 1.（2）（a）

イ　賃借人の死亡

逆に、たとえば、家賃が5万円である賃貸借契約の賃借人Yが死亡して、子A、BがYを相続しました。A、Bの間で遺産分割が行われていない場合、Aが家賃を供託するには、その前提として、大家Xにいくらの家賃を提供すべきでしょうか。

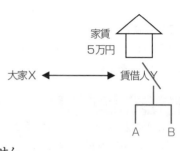

5万円です。2万5000円を提供しただけでは、その2万5000円についても供託できません。

　相続の開始時から遺産分割時までの賃料支払債務は、不可分債務だからです。不可分債務ということは、AにもBにも5万円全額の支払義務があります。—— 民法Ⅲのテキスト第5編第4章第3節②1.
＊平成 29 年の民法改正後の解釈によっては、賃料支払債務は不可分債務ではないと解される可能性もあります。

（ⅲ）ガス、水道などの使用料金を家賃に含めて支払う特約がある場合

　賃貸借契約に、ガス、水道などの使用料金を家賃に含めて支払う特約があることがあります。この場合、賃借人が供託するには、その前提として、家賃だけを提供すればよいでしょうか。それとも、ガス、水道などの使用料金も含めて提供する必要があるでしょうか。

　ガス、水道などの使用料金も含めて提供する必要があります（昭37.6.19民事甲1622）。

　ガス、水道などの使用料金も含めて支払う契約なので、債務の本旨に従った弁済の提供は、ガス、水道などの使用料金も含めた提供となるからです。

（ⅳ）賃貸人が受取証書を交付しない場合

　たとえば、賃借人Yが家賃を持参したが大家Xが受取証書を交付しない場合、賃借人は家賃を持ち帰って供託することができるでしょうか。

　できます（昭 39.3.28 民事甲 773）。

　弁済と受取証書（領収証）の交付は、同時履行です（民法 486 条 1 項）。—— 民法Ⅲのテキスト第5編第6章第1節②3.(6)②　受取証書がもらえないと、後でXから「受け取っていない」と言われる可能性があるため、Yは、Xに家賃を渡さずに、供託できるんです。

　以上みてきた点は、民法など実体法の規定がどうなっているかがポイントです（P37の「受領拒否を原因とする弁済供託の可否の判断基準」）。

（2）受領不能

　「受領不能」には、「事実上の受領不能」（下記（a））と「法律上の受領不能」（下記（b））があります。

> ### 受領不能はかなり広い
>
> 　受領不能を原因とする弁済供託は、かなり広く認められています。よって、認められていないものを特に意識して思い出せるようにしてください。

（a）事実上の受領不能

これは、債権者の不在、住所不明などが当たります。

ex1. 債務者が債権者の住所を訪れたところ、債権者および債権者から受領権限を与えられた者が不在であった場合、それが一時の不在であっても、受領不能を原因として供託をすることができます（大判昭9.7.17）。一時の不在でも OK であり、受領不能が広く認められることがおわかりいただけると思います（P40 の「受領不能はかなり広い」）。

ex2. 債務者が弁済期日に電話で債権者の在宅の有無を問い合わせたところ、債権者および債権者から受領権限を与えられた者が不在で、留守居の者からわからないと言われた場合、受領不能を原因として供託をすることができます（大判昭9.7.17）。電話で問い合わせただけでも OK なので、やはり受領不能は広く認められていますね（P40 の「受領不能はかなり広い」）。

ex3. 郵便により送付して受取人不明で返送された場合、受領不能を原因として供託をすることができます（昭32.3.2民事甲422）。

なお、預金者である債権者の所在が不明であってすでに弁済期が到来している（ex. 定期預金が満期になった）場合には、銀行は遅延損害金を付すことなく受領不能を原因として供託することができます（昭57.10.28民四6478参照）。

銀行の預金債務は、預金者が受け取りに来るべき債務なので、弁済期を過ぎても銀行は遅延損害金を払う必要がないからです（P13 の「銀行には取りに来い」）。

（b）法律上の受領不能

これは、債権者が制限行為能力者であり法定代理人が選任されていない場合などが当たります。

ex1. 債権者が未成年者である場合に、親権者の双方が事故で死亡しました。この場合に、まだ未成年後見人が選任されていないときは、債務者は受領不能を原因として供託をすることができます。未成年者には受領能力がなく、受領能力のある法定代理人もいないからです。

ex2. 債権者が精神障害者として強制入院しており、保護者がいないため町長が保護義務者となっている場合、債務者は受領不能を原因として供託をすることができます（昭40全国供託課長会同決議17）。町長には受領権限がないからです。

※それに対して、債権者が精神病院に入退院を繰り返しているだけでは、受領不能を原因として供託をすることはできません（昭42.1.12民事甲175）。

（3）債権者不確知

（a）要件

　債務者が過失なく債権者を確知することができないときにするのが、債権者不確知を原因とする弁済供託です（民法 494 条2項）。この「債権者を確知することができない」とは、債権の発生当初は債権者が特定されていたが、その後に事情の変動のために債務者がどの者に弁済してよいかわからなくなったということです。

※弁済の提供は不要です。債権者を確知できないので、弁済の提供はできません。

（b）事案ごとの検討

ⅰ　債権者の死亡

　たとえば、アパートの大家Xが突然病で急逝してしまい、賃借人YはXの生前にXと特に交流がなかったため、Xの相続人が誰であるかわからず弁済できない場合に、債権者不確知を原因とする供託をすることができます。供託するために、その前提として、相続人の調査をする必要はありません。相続人の一部が不明である場合でも構いません（昭 41.12.8 民事甲 3325）。

　債務者が相続人を調査するのは、あまりに大変だからです。人を捜すのって、本当に大変なんです。

※供託書の被供託者

　供託書の被供託者の欄（P18⑥）には、「○○（被相続人）の相続人」と記載します（昭 37.7.9 民事甲 1909）。

ⅱ　債権者間の係争

　たとえば、夫婦が離婚後、銀行預金について、預金証書を夫Xが、印鑑を妻Zがそれぞれ所持し、自分が預金者である旨を主張して係争中である場合、銀行Yは債権者不確知を原因として供託をすることができます（昭 40.5.27 民事甲 1069、昭 46 全国供託課長会同決議 5）。

※供託書の被供託者

　供託書の被供託者の欄には、「XまたはZ」と記載します。

ⅲ　債権譲渡

　たとえば、XのYに対する債権がZに譲渡されただけでは、Yは供託できません。債権譲渡がされ、Xからの通知またはYの承諾（民法 467 条1項）がされれば、Yは

Zに弁済すればよいからです。── 民法Ⅲのテキスト第5編第5章第1節2 1.(1)

（ⅰ）債権の帰属について譲渡人・譲受人間に争いがある場合

しかし、Xが譲渡通知の無効を主張しているなど、債権の帰属についてX・Zの間で争いがある場合、Yは債権者不確知を原因とする供託をすることができます。

争いが解決しなければ、YにはXとZのいずれが債権者であるかがわからないからです。

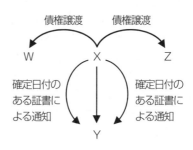

※供託書の被供託者

供託書の被供託者の欄には、「XまたはZ」と記載します。

（ⅱ）二重譲渡

債権の二重譲渡の場合も、基本的には供託できません。たとえば、XのYに対する債権がZおよびWに譲渡された場合、YはXからの確定日付のある証書による通知またはYの確定日付のある証書による承諾（民法 467 条2項）が先にされたほうに弁済すればよいからです。── 民法Ⅲのテキスト第5編第5章第1節2 2.(1)

では、以下のアやイの場合も、Yは供託することができないでしょうか。

ア　確定日付のある証書による通知の同時到達

供託できません（昭59 全国供託課長会同決議1）。

同時到達の場合、YはZとWのうち先に請求をしてきたほうに弁済すればよいとされているからです（最判昭55.1.11）。── 民法Ⅲのテキスト第5編第5章第1節2 2.(3)(c) ⅲ(ⅱ)　つまり、「どっちに弁済すればいいの？」とならないということです。

イ　確定日付のある証書による通知の到達の先後不明

供託できます（平5.5.18民四.3841）。

到達の先後不明の場合、YはZとWのどちらが優先するか判断できないからです。たしかに、先後不明の場合、ZとWが債権を分割取得するという判例があります（最判平5.3.30 参照）。── 民法Ⅲのテキスト第5編第5章第1節2 2.(3)(c) ⅲ(ⅲ)　だから、「Yは、ZとWに分割して払えばいいじゃないか」と思うかもしれません。しかし、

本当に先後不明かは、訴訟の決着がつかないとわかりません。もしかしたら、訴訟において、Zに対する債権譲渡の通知が先に到達したと判断されるかもしれません。

※供託書の被供託者

供託書の被供託者の欄には、「ZまたはW」と記載します。

cf. 譲渡制限の意思表示のある債権が譲渡された場合
①通常の譲渡の場合

譲渡制限の意思表示（譲渡禁止特約など）のある債権が譲渡された場合、かつては、債権者不確知を原因として供託をすることができるとされていました（昭36.7.31民事甲1866）。たとえば、XのYに対する債権に譲渡禁止特約がついており、この債権がXからZに譲渡された場合、Yは債権者不確知を原因とする供託をすることができたんです。しかし、平成29年の民法改正によって、譲渡制限の意思表示のある債権が譲渡された場合でも、債権譲渡自体は有効であるとされました（民法466条2項）。—— 民法Ⅲのテキスト第5編第5章第1節12.(3)(c) i　よって、債権者はZとなるので、"債権者不確知"とは言えなくなったんです。そのため、債権者不確知を原因とする供託はできなくなりました。

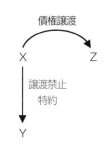

ただし、Yは譲渡制限の意思表示があることを原因として供託をすることはできます（民法466条の2第1項）。Yは、Zが善意・無重過失であればZに弁済する必要があり、Zが悪意または重過失であればXに弁済することができます（民法466条3項）。—— 民法Ⅲのテキスト第5編第5章第1節12.(3)(c) i、(d)　しかし、Yが、Zが善意・無重過失であるかを把握するのは困難です。よって、債権者不確知を原因としないだけで、民法改正後も、供託はできるんです。

Yはこの供託をしたら、遅滞なく、XおよびZに供託の通知をしなければなりません（民法466条の2第2項）。

この供託金の還付を請求できるのはZであり、Xはできません（民法466条の2第3項）。債権者はZとなっているからです。

※譲渡人について破産手続開始の決定があった場合

上記の供託をするかは、Yの任意です。しかし、Xについて破産手続開始の決定があった場合は、Zは、善意・無重過失であるかどうかにかかわらず、Yに供託させることができます（民法466条の3前段）。Xが破産した場合、Zは債権質の設定を受

けた債権者のように譲渡された債権を優先的に回収できるからです。

②譲渡禁止特約がついた債権に対して転付命令が発せられた場合
・原則

この場合は、弁済供託をすることはできません（昭45.10.21民事甲4425）。転付命令が発せられた場合、差押債権者が善意・無重過失であるかどうかにかかわらず、第三債務者は転付命令を受けた差押債権者に弁済すべきだからです。── 民事訴訟法・民事執行法・民事保全法のテキスト第2編第3章第4節②3.（2）（b）

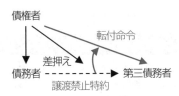

・例外

ただし、執行供託（民執法156条1項、2項）を原因とする場合は、供託書の記載から転付命令が確定していることが明らかであるときを除き、受理されます。

転付命令に対しては、執行抗告が可能です（民執法159条4項）。── 民事訴訟法・民事執行法・民事保全法のテキスト第2編第3章第4節②3.（2）（c）　執行抗告がされると、確定しません。転付命令は確定しないと効力が生じないため（民執法159条5項）、確定していない場合は第三債務者は「差押債権者に弁済していいの？」となってしまうんです。

4 効果

> **民法496条（供託物の取戻し）**
> 1　債権者が供託を受諾せず、又は供託を有効と宣告した判決が確定しない間は、弁済者は、供託物を取り戻すことができる。この場合においては、供託をしなかったものとみなす。

弁済供託をすると、債務が消滅します。しかし、以下の①または②の場合には、供託者は、供託物を取り戻すことができます（民法496条1項前段）。

①債権者が供託を受諾（P85の1.）していない
②供託を有効と宣告した判決が確定していない

よって、債務が確定的に消滅するのは、供託者が供託物の取戻請求権（P5）を失ったときであると解されています。

執行供託

第1節　執行供託とは？

　執行供託：第三債務者などがする執行の目的物の供託

権利供託か義務供託かの基本的な判断基準

　執行供託では、その供託が権利供託か義務供託かがよく問われます。「権利供託」とは、供託をすることが任意である（供託したければ供託することができる）供託です。「義務供託」とは、供託をすることが義務である（供託しなければならない）供託です。権利供託か義務供託かの基本的な判断基準は、以下のとおりです。

・配当手続を行わなければならない事案ではない　→　権利供託
・配当手続を行わなければならない事案である　　→　義務供託

　配当は、民法などに基づく分配額の計算をする必要があります。よって、配当手続を行わなければならない場合は、供託して供託所と裁判所に任せる必要があるんです。そして、支払委託の方法によって支払われます（権利供託でも支払委託はあります）。

ex. Xの申立てにより、YのZ銀行に対する預金債権100万円のうち60万円が差し押さえられました。その後、Wの申立てにより、YのZ銀行に対する預金債権100万円のうち60万円が差し押さえられました。このように差押えが競合した場合、第三債務者であるZ銀行は被差押債権の全額100万円を供託しなければなりません（義務供託。民執法156条2項）。Z銀行が供託すると、執行裁判所が配当額を計算し、たとえば、Xに50万円、Wに50万円を配当すべきとなった場合は、供託所には支払委託書（「Xに50万円、Wに50万円を支払うべき旨」が記載）を、XとWには支払証明書（「50万円の支払を受けられる旨」が記載）が交付されます（供託規則30条1項）。そして、XとWは、供託所に支払証明書を持って行くと（＊）、50万円の払渡しを受けられます（供託規則30条2項）。これを「支払委託」といいます。

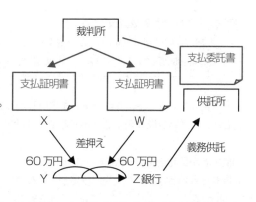

＊支払委託書の記載から供託物の払渡しを受けるべき者であることが明らかとなるときは、支払証明書は不要です（供託規則30条2項）。令和4年の改正でできた規定です。DVの被害者であるため住所が記載されていない（令4.8.1民商376）といった場合を除き、実際には、ほとんどがこの「明らかとなるとき」に当たります。

第2節　民事執行法に基づく執行供託

1 権利供託

> **民事執行法 156 条（第三債務者の供託）**
>
> 1　第三債務者は、差押えに係る金銭債権（差押命令により差し押さえられた金銭債権に限る。以下この条及び第 161 条の2において同じ。）の全額に相当する金銭を債務の履行地の供託所に供託することができる。

1．債権の全部の差押え

（1）供託

　債権者は、執行債権と執行費用の額を超えて、被差押債権の全部について差押命令を発してもらうことができます（民執法 146 条1項）。── **民事訴訟法・民事執行法・民事保全法のテキスト第2編第3章第4節2** 2.（3）（a）ⅰ

ex. Xの執行債権と執行費用の合計額が 60 万円であり、YのZに対する債権が 100 万円である場合でも、XはYのZに対する債権 100 万円全額について差押命令を発してもらうことができます。

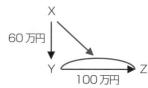

　このように、債権の全部について差押命令が発せられた場合、第三債務者は以下の表の額を供託することができ、供託の性質、供託書の被供託者の記載、供託通知（P27〜28 **6**）の要否は以下の表のとおりです。

供託額	理由	供託の性質	供託書の被供託者	供託通知
100万円	供託するかは任意です（民執法156条1項）。差し押さえたのがXだけなので、原則として配当にならないからです（P46の「権利供託か義務供託かの基本的な判断基準」）。しかし、本来は、ZはXとは関係ありません。巻き込まれただけです。よって、「差押命令なんてきてメンドーだな……」と思ったら、供託することができるんです。ただ、供託するのであれば、100万円を供託する必要があり（民執法156条1項）、60万円などの供託はできません。差押えの効力は100万円全額に及んでいるからです。ここで、60万円などの供託を認めると、Zを過度に保護することになってしまいます。	権利供託 執行供託	なし	不要
			供託の時点では、供託物の還付を受ける被供託者は特定されていないので、供託書の被供託者の欄（＊）には何も記載しません。差押債権者だけが還付を受けるとは限らないんです。たとえば、他の債権者が配当要求をしてくることもあります（民執法154条1項）。還付を受ける被供託者は、執行裁判所がする支払委託（P46）によって初めて特定されます。 ＊P18の供託書は弁済供託（受領拒否）のものですが、執行供託の供託書にも被供託者の欄はあります。 供託書の被供託者の欄に何も記載しないため、供託通知も不要です（下記の「被供託者の欄の記載と供託通知の連動」）。	

被供託者の欄の記載と供託通知の連動

　供託書の被供託者の欄の記載と、供託通知の要否は、以下のとおり連動します。供託通知は、被供託者に対してするものだからです。
・被供託者の欄に被供託者を記載する　→　供託通知をする
・被供託者の欄に被供託者を記載しない　→　供託通知をしない

※利息・遅延損害金の供託の要否
　被差押債権について利息や遅延損害金が生じているときは、第三債務者は、供託するときは、供託日までの利息や遅延損害金も加えて供託しなければなりません（昭55全国供託課長会同決議）。

差押命令の効力は、差押命令の送達後に発生するべき利息や遅延損害金にも及ぶからです。

（2）供託後

第三債務者は、供託をしたら、執行裁判所に事情届をしなければなりません（民執法156条4項）。

執行供託と事情届

執行供託をした者は、基本的に執行裁判所に事情届をする必要があります。

☞「事情届」とは？

事情届：供託した金額や事件の表示などを記載した執行裁判所へ届け出る書面（民執規71条1項、130条1項、138条1項、民保規32条1項、41条2項）

執行供託がされると、供託物は執行裁判所の管理下に置かれます。そして、執行裁判所が配当や弁済金の交付をします。しかし、供託は供託所にされるため、執行裁判所には執行供託がされたかどうかはわかりません。供託所と裁判所は別の役所です。そこで、執行供託をした者は、執行裁判所に執行供託をしたことを知らせるために事情届をしろとされているんです。

事情届を受けた執行裁判所は、支払委託の手続を行います（供託規則30条1項。P46）。

2．債権の一部の差押え
（1）供託

被差押債権の一部を差し押さえることもできます。

ex. Xの執行債権と執行費用の合計額が60万円であり、YのZに対する債権が100万円である場合、XはYのZに対する債権100万円のうち60万円について差押命令を発してもらうことができます。

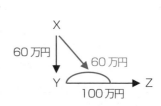

このように、債権の一部について差押命令が発せられた場合、第三債務者は以下の表の①または②の額を供託することができ、供託の性質、供託書の被供託者の記載、供託通知の要否は以下の表のとおりです。

供託額	理由	供託の性質	供託書の被供託者	供託通知
①60万円	60万円しか差し押さえられていないので、60万円を供託することができます（昭55.9.6民四.5333）。 供託するかは任意の権利供託です。差し押さえたのがXだけなので、原則として配当にならないからです（P46の「権利供託か義務供託かの基本的な判断基準」）。	**権利供託** **執行供託**	**なし**	**不要** 供託書の被供託者の欄には、何も記載しません。やはり供託の時点では、60万円の還付を受ける被供託者は特定されていないからです。 供託書の被供託者の欄に何も記載しないため、供託通知も不要です（P48の「被供託者の欄の記載と供託通知の連動」）。
②100万円	60万円しか差し押さえられていませんが、被差押債権の全額100万円を供託することもできます（民執法156条1項。P51の「被差押債権の全額の供託はOK」）。60万円を供託して、残りの40万円をYに弁済して……となると、Zがメンドーだからです。 供託するかは任意の権利供託です。差し押さえたのがXだけなので、原則として配当にならないからです（P46の「権利供託か義務供託かの基本的な判断基準」）。	**権利供託** **執行供託** **（60万円）** **弁済供託** **（40万円）** 差し押さえられたのは、60万円であり、40万円は差押え（執行）と関係ないので、40万円は実質的には弁済供託です（※）。	**Yを記載**	**必要** 供託書の被供託者の欄には、Yを記載します。40万円は差押え（執行）と関係がなく実質的には弁済供託なので、Yが還付を受けるからです。 供託書の被供託者の欄にYを記載するため、Y宛ての供託通知をする必要があります（P48の「被供託者の欄の記載と供託通知の連動」）。

※このように、執行供託と弁済供託（実質）の両方を供託根拠法令とする供託を「混合供託」といいます。

被差押債権の全額の供託は OK

　この第2節と次の第3節においては、被差押債権の全額（このテキストの ex.では
100 万円）を供託することはできます。

※①と②の間の額の供託

　70 万円や 80 万円など、上記①と②の間の額の供託はできません。

Realistic rule

　「差押えの額」「被差押債権の額」と関係のない額の供託はできません。

（2）供託後

　やはり第三債務者は、供託をしたら、執行裁判所に事情届をしなければなりません
（民執法 156 条 4 項。P49 の「執行供託と事情届」）。

　第三債務者が供託した額に応じて、払渡しの方法が変わります。上記（1）の ex.
の例で説明します。

供託額		払渡しの方法
①60 万円		執行裁判所が、60 万円について支払委託の手続を行います（供託規則 30 条 1 項。P46）。Zは、取戻請求をすることはできません。供託後、取戻請求をすることができる場合もあるのですが（民法 496 条 1 項前段。P45 4）、それは特別な規定がある場合です。民事執行法には、取戻しができる旨の特別な規定はないんです。
②100 万円	60 万円	
	40 万円	Yが供託を受諾して還付請求をするか、Zが供託不受諾を理由として取戻請求をして（民法 496 条 1 項前段。P45 4）、払渡しを受けます。この 40 万円は、差し押さえられておらず実質的には弁済供託なので、弁済供託の払渡方法になるんです。

2 義務供託

> **民事執行法 156 条（第三債務者の供託）**
> 2　第三債務者は、次条第1項に規定する訴え〔取立訴訟〕の訴状の送達を受ける時までに、差押えに係る金銭債権のうち差し押さえられていない部分を超えて発せられた差押命令、差押処分又は仮差押命令の送達を受けたときはその債権の全額に相当する金銭を、配当要求があつた旨を記載した文書の送達を受けたときは差し押さえられた部分に相当する金銭を債務の履行地の供託所に供託しなければならない。

1. 競合
（1）供託

　第三債務者は、差押えを受けた被差押債権について、取立訴訟の訴状の送達を受ける時までに、差し押さえられていない部分を超えて発せられた差押命令、差押処分または仮差押命令の送達を受けたときは、その債権の全額に相当する金銭を供託しなければなりません（民執法 156 条2項）。つまり、差押えと差押えまたは仮差押えがかぶったら（競合）、第三債務者に供託義務が生じるんです。「差押処分」とは、簡易裁判所の裁判所書記官が行う少額訴訟債権執行のことです。—— 民事訴訟法・民事執行法・民事保全法のテキスト第2編第3章第4節 3　「取立訴訟の訴状の送達を受ける時まで」の差押命令、差押処分、仮差押命令のみが対象なのは、取立訴訟の訴状が第三債務者に送達された後に差押えなどをした債権者は、配当を受けることができないからです（民執法 165 条2号）。—— 民事訴訟法・民事執行法・民事保全法のテキスト第2編第3章第4節 2 3. （1）（c）ⅲ

ex.　YのZに対する債権 100 万円について、Xの申立てにより 60 万円が差し押さえられた後、Wの申立てにより 60 万円が差し押さえられました。取立訴訟は、提起されていません。

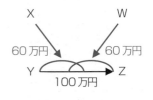

　このように、差押えが競合した場合、第三債務者は以下の表の額を供託する必要があり、供託の性質、供託書の被供託者の記載、供託通知の要否は以下のとおりです。

供託額	理由	供託の性質	供託書の被供託者	供託通知
100万円	100万円を供託しなければなりません（民執法156条2項）。差押えが競合すると、差押えの効力は被差押債権の全額に及びます（民執法149条）。── 民事訴訟法・民事執行法・民事保全法のテキスト第2編第3章第4節②2.(3)(a) ii　そして、執行裁判所が配当手続を行います（P46の「権利供託か義務供託かの基本的な判断基準」）。	**義務供託** **執行供託**	**なし**	**不要**
			供託の時点では、供託物の還付を受ける被供託者は特定されていないので、供託書の被供託者の欄には何も記載しません（下記の「Realistic rule」）。還付を受ける被供託者は、執行裁判所がする支払委託によって初めて特定されます。 供託書の被供託者の欄に何も記載しないため、供託通知も不要です（P48の「被供託者の欄の記載と供託通知の連動」）。	

Realistic rule

　義務供託のみの場合、供託書の「被供託者」の記載は不要です。

※第三債務者の抗弁

　第三債務者は、以下のような抗弁権を有している場合、供託をする必要はありません。
ex1. 期限未到来の抗弁権（被差押債権の弁済期が到来していない）
ex2. 同時履行の抗弁権（第三債務者が被差押債権の反対債務の履行を受けていない）
　競合が生じたからといって、履行をしなくてよい第三債務者が履行に相当する供託をしないといけなくなるのは、おかしいからです。

（2）供託後

やはり第三債務者は、供託をしたら、執行裁判所に事情届をしなければなりません（民執法156条4項。P49の「執行供託と事情届」）。

※執行裁判所が異なる場合の事情届の届け先

事情届は、執行裁判所に届け出ます（民執法156条4項）。執行裁判所は、原則として債務者の普通裁判籍の所在地を管轄する地方裁判所となります（民執法144条1項）。—— 民事訴訟法・民事執行法・民事保全法のテキスト第2編第3章第4節 1 3.　債務者が基準となるため、2つの差押えがされても通常は執行裁判所は同じです。しかし、異なる場合もあり得ます。それは、最初の差押えがされた後、後の差押えまたは仮差押えがされる前に、債務者が住所を移転した場合です。この場合、事情届は先に差押命令を発した裁判所に届け出ます（民執規138条3項）。差押えなどには、以下の考え方があるからです。

先着手主義

差押えなどは、先に着手した機関のほうが担当します。これを「先着手主義」といいます。

事情届を受けた執行裁判所は、支払委託の手続を行います（供託規則30条1項。P46）。

2．債権の差押えと配当要求
（1）供託

被差押債権に差押えがされた場合、執行力のある債務名義の正本を有する債権者および文書によって先取特権を有することを証明した債権者は、配当要求をすることができます（民執法154条1項）。—— 民事訴訟法・民事執行法・民事保全法のテキスト第2編第3章第4節 2 3.（1）（c）ⅲ③

ex. YのZに対する債権100万円について、Xの申立てにより60万円が差し押さえられた後、この差押えについて、確定判決の正本を有するWが配当要求をしました。

このように、債権の一部について差押命令が発せられた後に配当要求がされた場合、第三債務者は以下の表の①または②の額を供託することができ、供託の性質、供託書の被供託者の記載、供託通知の要否は以下の表のとおりです。

供託額	理由	供託の性質	供託書の被供託者	供託通知
①60万円	60万円は、供託しなければなりません（民執法156条2項）。配当要求がされると、60万円のなかで、XとWとの間で争いが生じます。この60万円については、執行裁判所が配当手続を行います（P46の「権利供託か義務供託かの基本的な判断基準」）。	義務供託 執行供託	なし 供託書の被供託者の欄には、何も記載しません。やはり供託の時点では、60万円の還付を受ける被供託者は特定されていないからです。供託書の被供託者の欄に何も記載しないため、供託通知も不要です（P48の「被供託者の欄の記載と供託通知の連動」）。	不要
②100万円	被差押債権の全額100万円を供託することもできます（民執法156条1項。P51の「被差押債権の全額の供託はOK」）。やはり60万円を供託して、残りの40万円をYに弁済して……となると、Zがメンドーだからです。60万円を超える部分については、供託するかは任意の権利供託です。差し押さえたのがXだけなので、60万円を超える部分については配当にならないからです（P46の「権利供託か義務供託かの基本的な判断基準」）。	権利供託 執行供託 （60万円） 弁済供託 （40万円） 差し押さえられたのは、60万円であり、40万円は差押え（執行）と関係ないので、40万円は実質的には弁済供託です。	Yを記載 供託書の被供託者の欄には、Yを記載します。40万円は差押え（執行）と関係がなく実質的には弁済供託なので、Yが還付を受けるからです。供託書の被供託者の欄にYを記載するため、Y宛ての供託通知をする必要があります（P48の「被供託者の欄の記載と供託通知の連動」）。	必要

（2）供託後

　やはり第三債務者は、供託をしたら、執行裁判所に事情届をしなければなりません（民執法156条4項。P49の「執行供託と事情届」）。

　第三債務者が供託した額に応じて、払渡しの方法が変わります。上記（1）の ex. の例で説明します。

供託額		払渡しの方法
①60万円		執行裁判所が、60万円について支払委託の手続を行います（供託規則30条1項。P46）。Zは、取戻請求をすることはできません。やはり民事執行法には、取戻しができる旨の特別な規定はないからです。
②100万円	60万円	
	40万円	Yが供託を受諾して還付請求をするか、Zが供託不受諾を理由として取戻請求をして（民法496条1項前段。P45 4 ）、払渡しを受けます。この40万円は、差し押さえられておらず実質的には弁済供託なので、弁済供託の払渡方法になるんです。

第3節　民事保全法に基づく執行供託

1 仮差押え

1．債権の全部の仮差押え

（1）債権者が1人

（a）供託

　債権者は、債務者の債権について仮差押命令を発してもらうことができます。

ex. Yの債権者Xは、YのZに対する債権が100万円で
　　ある場合、YのZに対する債権100万円について仮
　　差押命令を発してもらうことができます。

　このように、債権の全部について仮差押命令が発せら
れ仮差押えの執行がされた場合、第三債務者は以下の表
の額を供託することができ、供託の性質、供託書の被供託者の記載、供託通知の要否
は以下の表のとおりです。

供託額	理由	供託の性質	供託書の被供託者	供託通知
100万円	供託するかは任意です（民保法50条5項、民執法156条1項）。仮差押えのみだと、配当にならないからです（P58の「Realistic rule」）。しかし、Zは「仮差押命令なんてきてメンドーだな……」と思ったら、供託することができます。	**権利供託** **執行供託かつ弁済供託** 仮差押えは、債権者が本案訴訟で敗訴する可能性もあり、まだ債権者の権利が確定していません。よって、Yが還付請求権を取得する弁済供託でもあります。仮差押えの効力は、この還付請求権の上に及びます。	**Yを記載**　　　**必要** 供託書の被供託者の欄には、Yを記載します。弁済供託でもあるからです。供託書の被供託者の欄にYを記載するため、Y宛ての供託通知をする必要があります（P48の「被供託者の欄の記載と供託通知の連動」）。

　仮差押えしかされていない場合は、権利供託となります。"仮差押え"では、配当にならないからです（P46 の「権利供託か義務供託かの基本的な判断基準」）。仮差押債権者が本案訴訟で敗訴する可能性もあるので、まだ配当するわけにはいかないんです。

（b）供託後

　やはり第三債務者は、供託をしたら、保全執行裁判所に事情届をしなければなりません（民保法 50 条 5 項、民執法 156 条 4 項。P49 の「執行供託と事情届」）。

　仮差押えしかされていない場合には、配当にはなりません。仮差押債権者は、本案訴訟で勝訴し、本執行としての差押えをすると、被差押債権から配当や弁済金の交付を受けられます。

（2）債権者が2人以上
（a）供託

　仮差押えも競合が生じる場合があります。

ex. YのZに対する債権 100 万円について、Xの申立てにより 60 万円の仮差押えの執行がされた後、Wの申立てにより 60 万円の仮差押えの執行がされました。

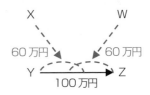

　このように、仮差押えが競合した場合、第三債務者は以下の表の額を供託することができ、供託の性質、供託書の被供託者の記載、供託通知の要否は以下の表のとおりです。

供託額	理由	供託の性質	供託書の被供託者	供託通知
100万円	供託するかは任意です（民保法50条5項、民執法156条1項）。仮差押えのみだと、配当にならないからです（P58の「Realistic rule」）。 供託する場合の供託額が100万円なのは、仮差押えの競合が生じたことによって、仮差押えの執行の効力が被差押債権の全部に及んでいるからです（民保法50条5項、民執法149条前段）。	**権利供託** **執行供託** **かつ** **弁済供託** やはり仮差押えはまだ債権者の権利が確定していないので、Yが還付請求権を取得する弁済供託でもあります。	Yを記載 供託書の被供託者の欄には、Yを記載します。弁済供託でもあるからです。 供託書の被供託者の欄にYを記載するため、Y宛ての供託通知をする必要があります（P48の「被供託者の欄の記載と供託通知の連動」）。	必要

（b）供託後

　やはり第三債務者は、供託をしたら、保全執行裁判所に事情届をしなければなりません（民保法50条5項、民執法156条4項。P49の「執行供託と事情届」）。

　また、やはり仮差押えしかされていない場合には、配当にはなりません。仮差押債権者は、本案訴訟で勝訴し、本執行としての差押えをすると、被差押債権から配当や弁済金の交付を受けられます。

2．債権の一部の仮差押え
（1）供託

　債権者は、債務者の債権の一部について仮差押命令を発してもらうこともできます。
ex. Yの債権者Xは、YのZに対する債権が100万円である場合、YのZに対する債権100万円のうち60万円について仮差押命令を発してもらうことができます。

　このように、債権の一部について仮差押命令が発せられ仮差押えの執行がされた場合、第三債務者は以下の表の額を供託することができ、供託の性質、供託書の被供託者の記載、供託通知の要否は以下の表のとおりです。

供託額	理由	供託の性質	供託書の被供託者	供託通知
①60万円	60万円しか仮差押えがされていないので、60万円の供託をすることができます。 供託するかは任意の権利供託です。仮差押えのみだと、配当にならないからです（P58の「Realistic rule」）。	**権利供託** **執行供託かつ弁済供託** やはり仮差押えはまだ債権者の権利が確定していないので、Yが還付請求権を取得する弁済供託でもあります。	**Yを記載** 供託書の被供託者の欄には、Yを記載します。弁済供託でもあるからです。 供託書の被供託者の欄にYを記載するため、Y宛ての供託通知をする必要があります（P48の「被供託者の欄の記載と供託通知の連動」）。	**必要**
②100万円	60万円しか仮差押えがされていませんが、被差押債権の全額100万円を供託することもできます（民保法50条5項、民執法156条1項。P51の「被差押債権の全額の供託はOK」）。60万円を供託して、残りの40万円をYに弁済して……となると、Zがメンドーだからです。	**権利供託** **執行供託かつ弁済供託** **（60万円）** **弁済供託** **（40万円）** 60万円の部分は、やはり仮差押えはまだ債権者の権利が確定していないので、Yが還付請求権を取得する弁済供託でもあります。 40万円の部分は、仮差押えがされたのは60万円であり、40万円は仮差押え（執行）と関係ないので、実質的には弁済供託です。	**Yを記載** 供託書の被供託者の欄には、Yを記載します。60万円の部分は、弁済供託でもあるからです。また、40万円の部分は、仮差押え（執行）と関係がなく実質的には弁済供託なので、Yが還付を受けるからでもあります。 供託書の被供託者の欄にYを記載するため、Y宛ての供託通知をする必要があります（P48の「被供託者の欄の記載と供託通知の連動」）。	**必要**

（2）供託後

やはり第三債務者は、供託をしたら、保全執行裁判所に事情届をしなければなりません（民保法 50 条 5 項、民執法 156 条 4 項。P49 の「執行供託と事情届」）。

第三債務者が供託した額に応じて、払渡しの方法が変わります。上記（1）の ex. の例で説明します。

供託額		払渡しの方法
①60万円		仮差押えしかされていない場合には、配当にはなりません。仮差押債権者は、本案訴訟で勝訴し、本執行としての差押えをすると、被差押債権から配当や弁済金の交付を受けられます。
②100万円	60万円	
	40万円	Yが供託を受諾して還付請求をするか、Zが供託不受諾を理由として取戻請求をして（民法 496 条 1 項前段。P45 4 ）、払渡しを受けます（平2.11.13 民四.5002）。この 40 万円は、仮差押えがされておらず実質的には弁済供託なので、弁済供託の払渡方法になるんです。

3．仮差押え後の差押え
（1）供託

本節では、これまで仮差押えしか出てきていません。
では、仮差押え後に差押えがされたらどうなるでしょうか。

ex. YのZに対する債権 100 万円について、Xの申立てにより 60 万円の仮差押えの執行がされた後、Wの申立てにより 60 万円が差し押さえられました。

このように、仮差押えと差押えが競合した場合、第三債務者は以下の表の額を供託する必要があり、供託の性質、供託書の被供託者の記載、供託通知の要否は以下の表のとおりです。

供託額	理由	供託の性質	供託書の被供託者	供託通知
100万円	100万円を供託しなければなりません（民保法50条5項、民執法156条2項）。差押えもされているため、差押えに基づいて執行裁判所が配当手続を行うからです（P46の「権利供託か義務供託かの基本的な判断基準」）。	義務供託 執行供託	なし	不要
			供託の時点では、供託物の還付を受ける被供託者は特定されていないので、供託書の被供託者の欄には何も記載しません（P53の「Realistic rule」）。還付を受ける被供託者は、執行裁判所がする支払委託によって初めて特定されます。供託書の被供託者の欄に何も記載しないため、供託通知も不要です（P48の「被供託者の欄の記載と供託通知の連動」）。	

（2）供託後

　やはり第三債務者は、供託をしたら、執行裁判所に事情届をしなければなりません（民執法156条4項。P49の「執行供託と事情届」）。

　事情届を受けた執行裁判所は、支払委託の手続を行います（供託規則30条1項。P46）。

　ただし、仮差押債権者に交付すべき配当金は供託されます。このように、配当、弁済金の交付を受けるべき債権者の債権が仮差押債権者の債権や停止条件付きの債権などであるときは、裁判所書記官はその配当、弁済金の交付の額に相当する金銭を供託します（民執法91条1項、142条2項、166条2項、167条の11第7項）。これらの債権の債権者は、まだ配当、弁済金の交付を受けられるかが確定していません。よって、いったん供託しておくんです。これを「配当留保供託」といいます。

　これらの債権者は、権利が確定したら（ex. 仮差押債権者が本案で勝訴したら）、支払委託により供託金の払渡しを受けられます（民執法92条1項、142条2項、166条2項、167条の11第7項）。

２ 仮差押解放金

１．債務者による供託

（１）供託

　裁判所が仮差押命令を発する際、必ず定めないといけない仮差押解放金というものがあります（民保法 22 条１項）。「仮差押解放金」とは、債務者が供託すると、仮差押えの執行から解放されるものです。「仮差押解放金」というくらいですので、債務者が供託できるのは金銭のみです。── **民事訴訟法・民事執行法・民事保全法のテキスト第３編第２章第２節**3

　債務者が仮差押解放金を供託すると、仮差押えの執行の効力は債務者の供託所に対する取戻請求権の上に移行します。債務者は本案で勝訴したりすれば供託した金銭を取り戻せるので、債務者から供託所に対して取戻請求権が生じ

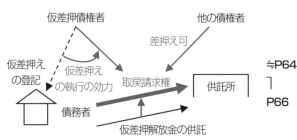

るんです。この取戻請求権を他の債権者が差し押さえることもできます。仮差押えの登記がされていた不動産などは、仮差押えの申立てをした債権者が優先権を有する財産ではなく、総債権者が目的とする財産だからです。このように、他の債権者の債権の目的にもなるので、供託書の被供託者の欄には何も記載しません。

（２）供託後

　上記の他の債権者の差押えがあるかどうかによって、供託金の払渡方法が変わります。

（ａ）他の債権者の差押えがあった場合

　差押えの競合が生じるため、支払委託の方法により払い渡されます（昭 55.9.6 民四.5333。P46）。

（ｂ）他の債権者の差押えがなかった場合

ⅰ　仮差押債権者による払渡請求

　仮差押債権者は、本案訴訟で勝訴すれば、仮差押えを差押えに移行して供託所に払渡請求をすることができます（平 2.11.13 民四.5002）。

　その際の添付書類は、たとえば、以下のものとなります。

・仮差押えの被保全債権と差押えの執行債権が同一であることを証する書面
ex. 仮差押命令の正本および本案訴訟の勝訴判決の正本

　同一当事者間で複数の訴訟が行われていることもあります。よって、同一の事件であることを証する必要があるんです。

ⅱ　債務者による払渡請求

　債務者は、本案訴訟で勝訴して仮差押命令が取り消されたり、仮差押債権者が仮差押執行の申請を取り下げたりして仮差押えの執行が効力を失えば、取戻権請求権を行使できます。

　その際の添付書類は、以下のものとなります（平2.11.13民四.5002）。

・供託後に供託原因が消滅したことを証する書面（P107（ c ））

　債務者が本案訴訟で勝訴して仮差押命令が取り消されたことや、仮差押債権者が仮差押執行の申請を取り下げたことを証する書面を仮差押えの保全執行裁判所に提出すると、仮差押えの保全執行裁判所がこの書面を交付してくれます。

2．第三債務者による供託（みなし解放金）
（1）供託

　債権に対する仮差押えにおいて、第三債務者が供託をすると債務者が仮差押解放金を供託したものとみなすという規定があります（民保法50条3項本文）。── 民事訴訟法・民事執行法・民事保全法のテキスト第3編第3章第2節③3.

　仮差押解放金は、上記1.のように、本来は債務者が供託すべきものです。しかし、債権に対して仮差押えの執行がされ、第三債務者が供託すると、債務者から供託所に対して還付請求権が生じます（P57）。仮差押えの執行の効力は、この債務者の供託所に対する還付請求権の上に移行します。この形が、債務者が仮差押解放金を供託した場合（P63）と非常に似ているので、第三債務者が供託をしたにもかかわらず、債務者が仮差押解放金を供託したものとみなされるんです。

ex. YのZに対する債権100万円について、Xの申立てにより、仮差押解放金を50万円として60万円の仮差押えの執行がされました。Zは、60万円または100万円を供託することができます（P59〜60（1））。Zが供託すると、Yが仮差押解放金50万円を供託したものとみなされます。

P63≒

64

（2）供託後

やはり第三債務者は、供託をしたら、保全執行裁判所に事情届をしなければなりません（民執法156条4項。P49の「執行供託と事情届」）。

　上記（1）のex.において、Zが100万円を供託した場合、供託金はどのように払渡しがされるでしょうか。以下の①～③の3つに分けて考える必要があります。まず、右の図でどの部分かを確認しましょう。

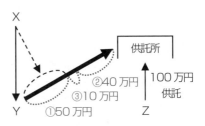

①仮差押解放金の額の部分（50万円）

　この50万円は、Xが本案訴訟で勝訴すれば、Xは仮差押えを差押えに移行して供託所に払渡請求をすることができます。

　Yは、本案訴訟で勝訴して仮差押命令が取り消されたり、Xが仮差押執行の申請を取り下げたりして仮差押えの執行が効力を失えば、還付請求権を行使できます。

②仮差押金額の超過部分（40万円）

　この40万円は、Yが供託を受諾して還付請求をするか、Zが供託不受諾を理由として取戻請求をして（民法496条1項前段。P45 4 ）、払渡しを受けます。この40万円は、仮差押えがされておらず実質的には弁済供託なので、弁済供託の払渡方法になるんです。

③仮差押金額と仮差押解放金との差額部分（10万円）

　この10万円は、Yが供託を受諾して還付請求をすることができます。仮差押えの執行の効力は仮差押解放金の額の部分（50万円）に及び、この10万円は仮差押えの執行の拘束から解放されるからです。

　ただし、Zが取戻請求をすることはできません。この10万円の供託の性質は執行供託でもあり、民事保全法には取戻しができる旨の特別な規定がないからです。

3 仮処分解放金

1. 供託

　裁判所が仮処分命令を発する際、仮処分解放金というものを定めることができます（民保法 25 条 1 項）。「仮処分解放金」も、債務者が供託すると、仮処分の執行から解放されるものです。「仮処分解放金」というくらいですので、これも債務者が供託できるのは金銭のみです。── 民事訴訟法・民事執行法・民事保全法のテキスト第3編第2章第3節3

P63

　債務者が仮処分解放金を供託すると、仮処分債権者は停止条件付還付請求権を取得します。これは、仮処分債権者の独自の権利です。よって、債務者の他の債権者がこの停止条件付還付請求権を差し押さえることはできません。仮差押解放金の供託では、このような権利は生じませんでした（P63（1））。仮処分債権者は、債務者の不動産に所有権移転登記請求権を有している者などです。ここが債務者の財産に対して独自の権利を有しているわけではない仮差押債権者との違いです。停止条件付還付請求権は仮処分債権者が独自の権利として取得するため、債務者が仮処分解放金を供託するときは、供託書の被供託者の欄に仮処分債権者を記載します。

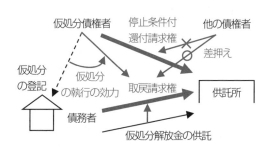

　債務者は本案で勝訴したりすれば供託した金銭を取り戻せるので、債務者から供託所に対して取戻請求権が生じます。この取戻請求権は、他の債権者が差し押さえることができます。これは債務者が取得する請求権なので、他の債権者が目的とする財産となるからです。

2. 供託後

（1）仮処分債権者による払渡請求

　仮処分債権者は、本案訴訟で勝訴すれば、停止条件付還付請求権の停止条件が成就するので、供託所に還付請求をすることができます。

　その際の添付書類は、以下のようなものとなります（平 2.11.13 民四.5002）。

・本案判決の正本および確定証明書
・仮処分の被保全権利と本案の訴訟物が同一であることを証する書面
ex. 仮処分命令の正本

　同一当事者間で複数の訴訟が行われていることもあります。よって、同一の事件で
あることを証する必要があるんです。

※執行文の要否

　仮処分債権者が還付請求をするとき、執行文は不要です。
　執行文は、強制執行をする際に原則として必要となります。── 民事訴訟法・民事執行
法・民事保全法のテキスト第2編第3章第1節②1.（1）　しかし、すでに金銭が供託されて
おり、その還付請求をするだけなので、これは強制執行ではないんです。

（2）債務者による払渡請求

　債務者は、本案訴訟で勝訴したり、仮処分債権者が仮処分の申立てを取り下げたり
したら、取戻権請求権を行使できます。
　その際の添付書類は、以下のようなものとなります（平2.11.13民四.5002）。

・供託後に供託原因が消滅したことを証する書面（P107（c））
　具体的には、本案判決の正本および確定証明書または仮処分の申立てが取り下げら
れたことを証する書面と仮処分の被保全権利と本案の訴訟物が同一であることを証
する書面（ex. 仮処分命令の正本）が当たります。

第4節　滞調法に基づく執行供託

1　滞調法とは？

　国税（ex. 所得税、法人税、相続税、消費税）を滞納すると、滞納した者の財産に対して滞納処分による差押えがされます。税金を滞納する者ですから、強制執行による差押えや仮差押えなどもされることが多いです。そこで、それらを調整するために定められたのが「滞調法」です。滞調法の正式名称は、「滞納処分と強制執行等との手続の調整に関する法律」です。これは、滞納処分による差押えと強制執行による差押え、仮差押えまたは担保権の実行としての競売が競合した場合に、それらをどう調整するかを定めた法律です。

競合→供託

　競合した場合に調整が必要となるので、滞納処分による差押えと強制執行による差押え、仮差押えなどが競合していないのであれば、滞納処分による差押えの部分を供託することはできません。

国税が優先

　国税は、非常に図々しい債権です。国税徴収法には、以下の条文があります。

> **国税徴収法8条（国税優先の原則）**
> 　国税は、納税者の総財産について、この章に別段の定がある場合を除き、すべての公課その他の債権に先だつて徴収する。

　国税債権は、すべての公課その他の債権に先だって徴収されます（国税徴収法8条）。本節では、供託できなかったり、供託できたり、供託しなければならなかったり様々なパターンがありますが、いずれでも国税債権が優先することに変わりはありません。第三債務者は、国税債権の差押えがされたのであれば、国税債権のほうを優先して支払えばいいんです。そのため、滞調法に基づく執行供託は以下のようになります。

　（原則）滞納処分による差押えの部分についての義務供託はありません
　（例外）例外的な場合（P71（2））に滞納処分による差押えの部分についての義務供託があります

2 競合が生じない場合

1．滞納処分による差押えのみ

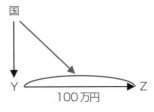

　たとえば、Yが所得税を滞納しており、YのZに対する債権 100 万円がある場合に、この債権 100 万円について国からの滞納処分による差押えがされました。Zは供託することができるでしょうか。

　できません。

　滞納処分による差押えと強制執行による差押え、仮差押えなどが競合していないので、供託することはできません（P68 の「競合→供託」）。Zは、供託するのではなく、国税を徴収する徴収職員に直接弁済します（国税徴収法 67 条 1 項）。

2．滞納処分による差押えと強制執行による差押え

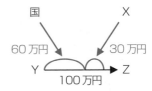

　たとえば、Yが所得税を滞納しており、YのZに対する債権 100 万円のうち、60 万円について国からの滞納処分による差押えがされた後、Xの申立てにより 30 万円が差し押さえられました。Zは 100 万円を供託することができるでしょうか。

　できません。

　滞納処分による差押えと強制執行による差押え、仮差押えなどが競合していないので、滞納処分による差押えの部分を供託することはできません（P68 の「競合→供託」）。Zが供託できるのは、国税部分を除いた 30 万円または 40 万円です。国税部分を除くと、右の図のとおり、P49～51（1）と同じだからです。

3　競合が生じる場合

1．滞納処分による差押えと強制執行による差押え

この1.は、滞納処分による差押えと強制執行による差押えの順序が大事です。

国税の徴収漏れが生じないように

キーとなる考え方は、「国税の徴収漏れが生じないようにする」です。やはり税金の徴収が最優先とされた法律となっているんです。法律を作るのは国ですしね……。

（1）国税債権先行型

（a）強制執行による差押えが1つ

たとえば、Yが所得税を滞納しており、Yの Zに対する債権100万円のうち、60万円について国からの滞納処分による差押えがされた後、Xの申立てにより60万円が差し押さえられました。Zは100万円を供託しなければならないでしょうか。

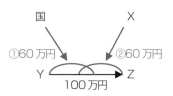

100万円を供託する必要はありません。ただ、100万円を供託したければ、することはできます（権利供託。滞調法20条の6第1項）。

「先着手主義」という考え方がありました（P54）。よって、国が先に差押えをしていますので、この事件は国が担当します。そのため、国は自分で取り立てられるので、供託してもらわなくても大丈夫なんです（上記の「国税の徴収漏れが生じないように」）。

しかし、Zからすると、60万円を国の徴収職員に弁済して、残りの40万円をXに弁済して……となると、メンドーです。そこで、供託したければ100万円を供託できるんです。

Zは、供託をしたら、徴収職員などに事情届をしなければなりません（滞調法20条の6第2項）。

事情届をする先が国なのは、国が先に差押えをしているため、国が担当するからです。

（b）強制執行による差押えが2つ

たとえば、Yが所得税を滞納しており、YのZに対する債権100万円のうち、60万円について国からの滞納処分による差押えがされた後、Xの申立てにより60万円が差し押さえられ、Wの申立てにより60万円が差し押さえられました。Zは100万円を供託しなければならないでしょうか。

40万円は供託する必要がありますが（義務供託）、100万円を供託するかは任意です（権利供託）。

上記（a）と同じく、国が先に差押えをしていますので、国が担当します。そのため、国は自分で取り立てられるので、滞納処分による差押えの部分の60万円は供託してもらわなくても大丈夫です（上記の「国税の徴収漏れが生じないように」）。

国が60万円を優先して回収します（P68の「国税が優先」）。残りの40万円について、XとWの間で争いが生じます。よって、40万円については義務供託となります。国税部分を除くと、右の図のとおり、P52〜53（1）と同じになるんです。

（2）一般債権先行型

たとえば、YのZに対する債権100万円のうち、Xの申立てにより60万円が差し押さえられた後、Yが所得税を滞納しており、60万円について国からの滞納処分による差押えがされました。Zは100万円を供託しなければならないでしょうか。

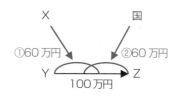

100万円を供託しなければならないです（義務供託。滞調法36条の6第1項）。

先着手主義ですので、この事件は先に差押えをした裁判所が担当します。国は自分で取り立てられないので、執行裁判所が確実に配当を行うために供託をしてもらわないと、国税の徴収漏れが生じる可能性があるんです（P70の「国税の徴収漏れが生じないように」）。よって、本節で唯一、義務供託とされています（P68の例外）。

Zは、供託をしたら、執行裁判所などに事情届をしなければなりません（滞調法36条の6第2項）。

事情届をする先が裁判所なのは、裁判所が先に差押えをしているため、裁判所が担当するからです。

2．滞納処分による差押えと仮差押え

　たとえば、YのZに対する債権100万円のうち、Xの申立てにより60万円の仮差押えの執行がされた後、Yが所得税を滞納しており、60万円について国からの滞納処分による差押えがされました。Zは100万円を供託しなければならないでしょうか。

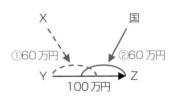

　100万円を供託する必要はありません。100万円を供託したければ、することはできます（権利供託。滞調法20条の9第1項、20条の6第1項）。

　強制執行による差押えであれば、強制執行による差押えが先にされていると義務供託となりました（上記1．（2））。しかし、仮差押えであれば、保全執行裁判所は仮差押命令をYとZに送達するだけであり（民保法50条5項、民執法145条3項）、配当手続を行いません。よって、国は自分で取り立てられるので、供託してもらわなくても大丈夫なんです（P70の「国税の徴収漏れが生じないように」）。

　しかし、Zからすると、60万円を国の徴収職員に弁済して、残りの40万円を供託して……などとなると、メンドーです。そこで、供託したければ100万円を供託できるんです。Zが供託をするのであれば、Zは供託書の被供託者の欄にYを記載し、Yへの供託通知も必要となります。国が60万円を優先して回収します（P68の「国税が優先」）。残りの40万円は、右の図のとおり、P57～58（a）と同じになるからです。

　Zは、供託をしたら、徴収職員などに事情届をしなければなりません（滞調法20条の9第1項、20条の6第2項）。

　事情届をする先が国なのは、先にされたのが仮差押えであるため裁判所は配当手続を行わないので、国が担当するからです。

【まとめ】

　ここで、ここまで出てきた執行供託の供託可能額、供託の性質、供託書の被供託者の記載、供託通知の要否をまとめておきます。

＊いずれも、被差押債権は 100 万円です。「一部」の差押え・仮差押えは、一部の額を基本的に 60 万円とします。

	供託 可能額	供託の性質	供託書 の被供託者	供託通知
①強制執行による全部の 　差押え	100 万円	権利供託 執行供託	なし	不要
②強制執行による一部の 　差押え	60 万円	権利供託 執行供託	なし	不要
	100 万円	権利供託 執行供託（60 万円） 弁済供託（40 万円）	記載する	必要
③強制執行による差押え 　と差押えまたは仮差押 　えの執行の競合	100 万円	義務供託 執行供託	なし	不要
④強制執行による一部の 　差押えと配当要求	60 万円	義務供託 執行供託	なし	不要
	100 万円	権利供託 執行供託（60 万円） 弁済供託（40 万円）	記載する	必要
⑤全部の仮差押えの執行	100 万円	権利供託 執行供託かつ弁済供託	記載する	必要
⑥仮差押えと仮差押えの 　執行の競合	100 万円	権利供託 執行供託かつ弁済供託	記載する	必要
⑦一部の仮差押えの執行	60 万円	権利供託 執行供託かつ弁済供託	記載する	必要
	100 万円	権利供託 執行供託かつ弁済供託 （60 万円） 弁済供託 （40 万円）	記載する	必要

	供託 可能額	供託の性質	供託書 の被供託者	供託通知
⑧滞納処分による差押え 　のみ	不可			
⑨滞納処分による差押え 　（60万円）と強制執 　行による差押え（30 　万円）	30万円	権利供託 執行供託	なし	不要
	40万円	権利供託 執行供託（30万円） 弁済供託（10万円）	記載する	必要
⑩滞納処分による差押え 　（先）と強制執行によ 　る差押え（後）の競合	100万円	権利供託 執行供託	なし	不要
⑪滞納処分による差押え 　（60万円・先）と強 　制執行による差押え 　（60万円・後）と強 　制執行による差押え 　（60万円・後）の競 　合	40万円	義務供託 執行供託	なし	不要
	100万円	権利供託 執行供託	なし	不要
⑫強制執行による差押え 　（先）と滞納処分によ 　る差押え（後）の競合	100万円	義務供託 執行供託	なし	不要
⑬滞納処分による差押え 　（60万円）と仮差押 　えの執行（60万円） 　の競合	100万円	権利供託 執行供託かつ弁済供託	記載する	必要

第5節　供託物払渡請求権に対する差押え・仮差押え

　これまでは、YのZに対する債権について差押えや仮差押えがされた、といった事例でした。しかし、Yの供託所に対する債権、つまり、取戻請求権または還付請求権に対して差押えや仮差押えの執行をすることもできます。取戻請求権と還付請求権は供託所に対する請求ですが、普通の債権に近い性質も多いのです（P83の「取戻請求権と還付請求権の性質・関係①」）。

　この第5節は、第三債務者が供託所である場合のハナシをみていきます。

1　供託物払渡請求権に対する差押え

　Yの供託物払渡請求権についてXの申立てにより差押えがされた場合、Xは、Yに対して差押命令が送達された日から1週間を経過すれば、供託物払渡請求権を自ら取り立てることができます（民執法155条1項本文。昭55.9.6民四.5333）。これは、民事執行法の取立権に基づくものです。

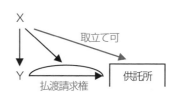

── 民事訴訟法・民事執行法・民事保全法のテキスト第2編第3章第4節 2 3.（1）（a）

　民事執行法では、第三債務者が銀行や取引先である例をみましたが、第三債務者が供託所に変わっただけであり、あとは同じなので、Xは取立権を行使できるんです。この差押え・取立権の行使がされても、供託官は執行裁判所に事情届をする必要はなく、Xの取立権に基づく払渡請求に応じるだけでOKです（昭55.9.6民四.5333）。

　Xが取立権を行使する場合、供託金払渡請求書には、取戻しをする権利を有することを証する書面（供託規則25条1項本文。P106〜107（2））または還付を受ける権利を有することを証する書面（供託規則24条1項1号本文。P108〜110（a））として、以下の書面を添付します（昭55.9.6民四.5333）。

・差押命令が債務者に送達された日から1週間が経過したことを証する書面
　この書面は、1週間経過後に裁判所に行けば、裁判所書記官が作成してくれます。

※差押え後に転付命令を得た場合

　供託物払渡請求権に対する差押え後、差押債権者は、供託物払渡請求権について転付命令を得た場合であっても、その供託物払渡請求権に対して他の差押えまたは仮差押えの執行がされていないときは、転付命令の確定前であれば、差押命令に基づいて上記の取立権の行使をすることができます（昭55.9.6民四.5333）。

　転付命令は確定しなければ効力が生じないため（民執法159条5項）、差押債権者はまだ取立権の行使のほうを選択できるんです。── **民事訴訟法・民事執行法・民事保全法のテキスト第2編第3章第4節[2]3.（2）（d）**　他の差押えまたは仮差押えの執行がされていると競合が生じて支払委託になることがありますが（下記[2]）、他の差押えまたは仮差押えの執行がされていなければ取立権を行使して払渡請求ができます。

※供託金払渡請求権の質権者

　供託金払渡請求権の質権者は、以下の①〜③のような方法で払渡しを受けることができます。

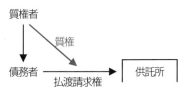

①質権の実行として直接取立権を行使する（民法366条1項）

　債権質の設定を受けた質権者は、質に取った債権を直接に取り立てることができましたよね。── **民法Ⅱのテキスト第4編第4章第4節[2]3.（2）（a）**

②供託金払渡請求権について差押命令を得て取立権を行使する（民執法193条2項、145条、155条）── **民事訴訟法・民事執行法・民事保全法のテキスト第2編第3章第4節[2]3.（1）**

③供託金払渡請求権について転付命令を得る（民執法193条2項、159条）── **民事訴訟法・民事執行法・民事保全法のテキスト第2編第3章第4節[2]3.（2）**

[2] 供託物払渡請求権に対する差押え・仮差押えが競合した場合

　供託物払渡請求権に対する差押え・仮差押えができるのは、1人の債権者に限られるわけではないため、差押え・仮差押えが競合することもあります。たとえば、Yの100万円の供託物払渡請求権について、Xの申立てにより60万円が差し押さえられた後、Wの申立てにより60万円が差し押さえられました。この場合、第三債務者である供託所も理論上は供託義務を負います（民執法156条2項。P52〜53（1））。しかし、すでに供託されている金銭を別の供託所に供託しても意味がないので、供託所は供託を維持します。競合が生じたことによって変わる点は、供託が供託所の管理下から執行裁判所の管理下に変わることです。

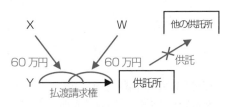

　ただ、供託官が執行裁判所に事情届をするのは、払渡請求に応じることができるようになったときです（昭55.9.6民四.5333）。被差押債権が払渡請求権ではない通常の債権であり義務供託に当たる場合でも、第三債務者は抗弁権を有していればすぐに供

託をする必要はありませんでした（P53※）。それと同じ発想です。事情届の届け先となる執行裁判所は、先に送達された差押命令を発した裁判所です（昭 55.9.6民四.5333）。先着手主義の考え方があるからです（P54）。

ex. 弁済供託の還付請求権に対して差押えが競合した場合、供託官が執行裁判所に事情届をするのは、還付請求に応じることができる以下の①～③のいずれかのときです（P85）。

①供託受諾書が提出されたとき
②供託を有効と宣告した確定判決の謄本が提出されたとき
③供託の受諾による還付請求があったとき

　払渡手続は、執行裁判所の支払委託の方法によります。競合が生じているため、執行裁判所が分配額の計算をする必要があるからです。

※競合した場合の供託官の事情届の要否

　供託物払渡請求権に対する差押え・仮差押えの執行が競合した場合でも、上記のように、常に供託官の事情届の義務が生じ、支払委託の方法によって払渡手続が行われるわけではありません。以下の表のように、競合の態様によって分かれます。

判断基準

| 第三債務者が供託所でなければ義務供託に該当する場合 → 事情届の義務あり | 第三債務者が供託所でなければ権利供託に該当する場合 → 事情届の義務なし 支払委託にならないからです。 |

事情届の義務あり	事情届の義務なし
①強制執行による差押えと差押えの競合（P52～53（1））	①仮差押えの執行と仮差押えの執行の競合（P58～59（a））
②強制執行による差押えと仮差押えの執行の競合（P52～53（1）、61～62（1））	②滞納処分による差押えと仮差押えの執行の競合（P72の2.）＊
③一般債権先行型の強制執行による差押えと滞納処分による差押えの競合（P71（2））	③国税債権先行型の滞納処分による差押えと強制執行による差押えの競合（P70（a））＊

＊ただし、徴収職員などに届け出る必要はあります（滞調法20条の9第1項、20条の6第2項）。

第6節　差押え・仮差押えの申立ての取下げ・取消し

　差押え・仮差押えがされても、その申立てが取り下げられたり取り消されたりすることがあります。たとえば、債務者が債権者に任意に弁済して債権者が差押え・仮差押えの申立てを取り下げたり、債務者が請求異議の訴えに勝訴して差押命令が取り消されたりした場合です。── 民事訴訟法・民事執行法・民事保全法のテキスト第2編第3章第6節
|1|　この第6節では、供託がされた後に差押え・仮差押えの申立ての取下げ・取消しがあった場合に、供託された金銭がどのように払い渡されるのかをみていきます。

1　差押えの申立ての取下げと差押命令の取消し

　たとえば、YのZに対する債権 100 万円について、Xの申立てにより 60 万円が差し押さえられ、Zが 100 万円を供託しました。しかし、Xは、Yから任意に 60 万円の弁済を受けたので、差押えの申立てを取り下げました。Zが供託した 100 万円は、以下のように払い渡されます。

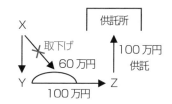

	払渡しの方法
60万円 の部分	執行裁判所が、60 万円について支払委託の手続を行い、Yに払い渡されます（昭 55.9.6民四.5333）。60 万円は、執行供託として供託されたからです。 ただし、執行裁判所が支払委託の手続を執る前であれば、Yは、差押命令の申立てが取り下げられたことを証する書面を添付して、直接に払渡しを受けることができます（昭 55.9.6民四.5333）。これはYの債権であり、差押えがなくなったので、Yが還付請求をすることができるんです。 Zは、取戻請求をすることはできません。供託後、取戻請求をすることができる場合もあるのですが（民法 496 条1項前段。P45|4|）、それは特別な規定がある場合です。民事執行法には、取戻しができる旨の特別な規定はないんです。
40万円 の部分	Yが供託を受諾して還付請求をするか、Zが供託不受諾を理由として取戻請求をして（民法 496 条1項前段。P45|4|）、払渡しを受けます（昭 55.9.6民四.5333）。この 40 万円は、元々差し押さえられておらず実質は弁済供託なので、弁済供託の払渡方法になるんです。

2　仮差押えの申立ての取下げと仮差押命令の取消し

　たとえば、YのZに対する債権 100 万円について、Xの申立てにより 60 万円の仮差押えの執行がされ、Zが 100 万円を供託しました。しかし、Xは、Yから任意に 60 万円の弁済を受けたので、仮差押えの申立てを取り下げました。Zが供託した 100 万円は、以下のように払い渡されます。

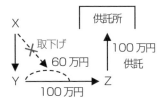

	払渡しの方法
60万円 の部分	Yは、仮差押命令の申立てが取り下げられたことを証する書面を添付して、直接に払渡しを受けることができます（平2.11.13 民四.5002）。これはYの債権であり、仮差押えがなくなったので、Yが還付請求をすることができるんです。 上記1と異なり、支払委託の手続によらないのは、仮差押えがされただけでは配当にならないからです。 Zは、取戻請求をすることはできません。供託後、取戻請求をすることができる場合もあるのですが（民法 496 条1項前段。P45 4）、それは特別な規定がある場合です。民事保全法には、取戻しができる旨の特別な規定はないんです。
40万円 の部分	Yが供託を受諾して還付請求をするか、Zが供託不受諾を理由として取戻請求をして（民法 496 条1項前段。P45 4）、払渡しを受けます（平2.11.13 民四.5002）。この 40 万円は、元々仮差押えを受けておらず実質は弁済供託なので、弁済供託の払渡方法になるんです。

第7節　差押禁止債権と供託

　給料などは、原則として3/4の額の差押えが禁止されています（民執法 152 条）。
── 民事訴訟法・民事執行法・民事保全法のテキスト第2編第3章第4節2 2.（3）（d）　この第7
節では、差押禁止債権の差押可能額を目的として差押えがされた場合の第三債務者の
供託についてみていきます。差押可能額について競合が生じない場合（下記1）と差
押可能額について競合が生じる場合（下記2）に分けてみていきます。

1 差押可能額について競合が生じない場合

　たとえば、YのZ社（Yの勤務先）に対する給与債権
40 万円について、Xの申立てにより 10 万円が差し押さ
えられました。この場合、Z社は以下の表の①または②
の額を供託することができます。

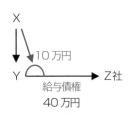

供託額	理由	供託の性質
①10万円	10 万円しか差し押さえられていないので、10 万円を供託することができます（民執法 156 条1項）。 供託するかは任意の権利供託です。差し押さえたのがXだけなので、原則として配当にならないからです（P46 の「権利供託か義務供託かの基本的な判断基準」）。	権利供託 執行供託
②40万円	10 万円しか差し押さえられていませんが、40 万円を供託することもできます（民執法 156 条1項）。10 万円を供託して、残りの 30 万円をYに弁済して……となると、Z社がメンドーだからです。 40 万円の供託がされたら、30 万円はYが還付を受けます。Yの給与ですしね。	権利供託 執行供託 （10万円） 弁済供託 （30万円）

2　差押可能額について競合が生じる場合

　たとえば、YのZ社（Yの勤務先）に対する給与債権40万円について、Xの申立てにより10万円が差し押さえられた後、Wの申立てにより10万円が差し押さえられました。この場合、Z社は以下の表の①または②の額を供託することができます。

供託額	理由	供託の性質
①10万円	10万円は、供託しなければなりません（民執法156条2項）。給与債権40万円のうち3/4の30万円は差押えが禁止されるので、10万円のみが差押えの対象となります。よって、10万円のなかで、XとWとの間で争いが生じます。この10万円については、執行裁判所が配当手続を行います（P46の「権利供託か義務供託かの基本的な判断基準」）。	**義務供託**　**執行供託**
②40万円	40万円を供託することもできます（民執法156条1項。昭58.11.22民四.6653参照）。10万円を供託して、残りの30万円をYに弁済して……となると、Z社がメンドーだからです。 10万円を超える部分については、供託するかは任意の権利供託です。30万円は差押えが禁止されるので、30万円については配当にならないからです（P46の「権利供託か義務供託かの基本的な判断基準」）。40万円の供託がされたら、30万円はYが還付を受けます。Yの給与ですしね。	**権利供託**　**執行供託**　**（10万円）**　**弁済供託**　**（30万円）**

第8節　その他の執行供託

執行供託の最後にこの第8節で、その他の執行供託をみていきます。

1　不出頭供託

不出頭供託：配当、弁済金の交付を受けるべき債権者が、受領のために執行裁判所
　　　　　　に出頭しなかった場合に、裁判所書記官または執行官が行う供託（民
　　　　　　執法91条2項、111条前段、141条2項、166条2項、188条、192条、
　　　　　　193条2項）

不出頭供託については、供託の管轄に関する規定がありません。しかし、弁済供託の性質を有していることから、弁済供託の規定（民法495条1項。P12〜13のⅰ）が適用され、債務履行地の供託所が管轄の供託所となっています。具体的には、配当、弁済金の交付が執行裁判所で行われるので、取立債務となり、執行裁判所の所在地を管轄する供託所が管轄の供託所となっています。

2　執行官がする他の供託

動産執行における配当、弁済金の交付において、配当、弁済金の交付を受けるべき債権者の債権が停止条件付きの債権や仮差押債権者の債権などであるときは、執行官は、その配当、弁済金の交付に相当する額を供託し、執行裁判所に事情届をします（民執法141条1項）。

これらの債権の債権者は、まだ配当、弁済金の交付を受けられるかが確定していません。よって、執行官はこれらの債権の債権者には配当、弁済金の交付ができません。このとき、執行官は供託をして「あとは執行裁判所に任せた！」とするんです。

第2章で供託受入手続（供託をする手続）をみて、第3章と第4章で論点の多い弁済供託と執行供託についてどのような要件で供託できるかを中心にみました。供託の払渡手続は次の第6章でみるので、この第5章では「供託成立後の権利変動」をみていきます。

1 取戻請求権と還付請求権の性質・関係

供託者が供託すると、原則として、供託者が取戻請求権を、被供託者が還付請求権を取得します（P5）。この2つの請求権の性質・関係は、以下のとおりです。

取戻請求権と還付請求権の性質・関係

①取戻請求権と還付請求権は供託所に対する権利ですが、**普通の債権に近い性質**もあります。

②取戻請求権と還付請求権は別物であり、原則として、**一方に生じたことは他方に関係がありません**（以下の図の左と右の矢印は関係ありません。最判昭37.7.13）。

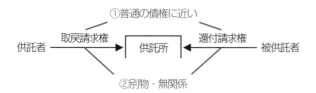

ex1. 取戻請求権も還付請求権も、普通の債権と同じく、差押えや仮差押えをすることもできます（上記①）。取戻請求権が差し押さえられたとしても、被供託者は、供託の受諾の意思表示（下記[2]）ができ、供託物の還付を請求することができます（上記②）。逆に、還付請求権が差し押さえられたとしても、供託者は供託物の取戻しを請求することができます（上記②）。

ex2. 取戻請求権も還付請求権も、普通の債権と同じく、消滅時効にかかります（上記①）。取戻請求権が時効によって消滅した後であっても、被供託者は、供託の受諾の意思表示ができ、供託物の還付を請求することができます（上記②）。逆に、還付請求権が時効によって消滅した後であっても、供託者は供託物の取戻しを請求することができます（上記②）。

ex3. 取戻請求権も還付請求権も、普通の債権と同じく、時効の完成が猶予されたり時効が更新したりします（P83①）。取戻請求権についての時効が更新しても、還付請求権についての時効は更新しません（P83②）。逆に、還付請求権についての時効が更新しても、取戻請求権についての時効は更新しません（P83②）。

ex4. 取戻請求権も還付請求権も、普通の債権と同じく、債権譲渡の方法で譲渡することができます（P83①）。供託者が取戻請求権を第三者に譲渡してその旨を供託所に通知しても（※）、被供託者は、供託の受諾の意思表示ができ、供託物の還付を請求することができます（P83②）。これは、被供託者が還付請求権を第三者に譲渡してその旨を供託所に通知した場合には、当てはまりません。このハナシは、P86（2）で説明します。

「
P86

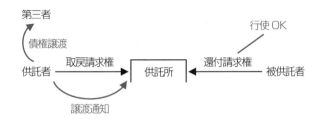

※取戻請求権・還付請求権の債権譲渡の対抗要件

　取戻請求権・還付請求権の債権譲渡の供託所に対する対抗要件は、譲渡人である供託者・被供託者から供託所に対してする通知です（民法 467 条 1 項）。債権譲渡の対抗要件は、債務者をインフォメーションセンターとするという考え方でした。── 民法Ⅲのテキスト第5編第5章第1節[2] 1.(2)　上記の図のとおり、債務者の位置にいるのは供託所です。

　債権譲渡の第三者に対する対抗要件は、確定日付のある証書による通知または承諾です（民法 467 条 2 項）。── 民法Ⅲのテキスト第5編第5章第1節[2] 2.(1)　しかし、取戻請求権・還付請求権の債権譲渡の場合は、上記の供託者・被供託者から供託所に対してする通知がされれば、この第三者に対する対抗要件も備わります。債権譲渡の通知が供託所に届くと、供託所が債権譲渡の通知書に受付の年月日時分を記載します（供託規則 5 条 1 項）。供託所は役所ですので、これが確定日付になるんです。

> **供託規則 47 条（受諾書等の提出）**
> 弁済供託の債権者は、供託所に対し供託を受諾する旨を記載した書面又は供託を有効と宣告した確定判決の謄本を提出することができる。

1. 供託の受諾とは？

供託の受諾：被供託者が、供託所に対して、供託者の供託を認める（還付する気がある）という意思を表示すること（供託規則 47 条）

弁済供託だと、供託者は供託をしても原則として供託物を取り戻すことができます（民法 496 条 1 項前段。P45 ④）。そのため、こんなことがありました。交通事故の加害者が損害賠償額を供託して、そのことが刑事訴訟で考慮され、執行猶予付きの判決がされました。被害者も「供託の還付請求をすればいいや」と考えていたので、検察官に「控訴してください」とは頼みませんでした。そして、判決が確定した後、被害者が還付請求をする前に加害者が供託金を取り戻してしまったんです。

この被害者は、どうしておけばよかったのでしょうか。供託所に対して供託の受諾をしておけばよかったんです（供託を有効と宣告した確定判決の謄本を供託所に提出しても OK です。供託規則 47 条）。供託の受諾をすれば、供託者が供託物を取り戻せなくなります（民法 496 条 1 項前段）。被供託者は、供託の受諾だけして還付請求はしなくても OK です。被供託者である被害者が損害賠償額について納得していない場合など、還付請求できない事情がある場合もあるからです。供託金額が本来の損害賠償額よりも低いと考える被害者は、「供託受諾。ただし債権額の一部弁済の留保をする。」旨の記載をすることができます（昭 34.10.2 民事甲 2184、昭 35.3.30 民事甲 775、昭 42.1.12 民事甲 175）。こう記載しておけば、たとえば、民事訴訟になったときに、「その供託金額で納得したんだ」と判断されるおそれがなくなります。

供託物の方向性

被供託者が供託の受諾をするだけで供託者の取戻請求を封じられるのは、「債務は履行されたほうがいい（被供託者が受領したほうがいい）」という考えがあるからです。

２．供託の受諾の方法
（１）通常

　供託の受諾は、被供託者が、供託所に対して、供託を受諾する旨を記載した書面（供託受諾書）を提出する方法によります（供託規則47条）。口頭によってすることはできません。不動産登記や商業登記もそうでしたが、供託所における手続も書面を出すのが原則です。

　債権者不確知を原因とする供託がされている場合は、被供託者のうちの１人は、自分が債権者であることを確定的に証明していない（ex. 他の被供託者と訴訟中である）段階でも、供託受諾書を提出することができます（昭31.4.10民事甲767）。これは、供託者による取戻しを封じるために認められています（P85の「供託物の方向性」）。

※印鑑証明書の添付の要否

　この書面には、印鑑証明書を添付する必要はありません（昭41.12.8民事甲3321）。被供託者の本人確認は、還付請求の際に行われます。これも、被供託者が容易に供託者の取戻請求を封じられるようになっている点です（P85の「供託物の方向性」）。

※還付請求をするのに反対給付を要する場合

　供託の受諾の意思表示は、還付請求をするのに反対給付を要する場合に（P20⑧）、反対給付が未了であってもすることができます。反対給付をしたことも、還付請求の際に証します。やはり、被供託者が容易に供託者の取戻請求を封じられるようになっていますね（P85の「供託物の方向性」）。

（２）還付請求権の債権譲渡

　被供託者が還付請求権を第三者に譲渡してその旨を供託所に通知すると、その通知に供託を受諾する旨が積極的に明示されていなくても、供託の受諾があったものとされます（昭33.5.1民事甲917）。

　被供託者が還付請求権を自分の債権として譲渡したということは、供託を認めたということですよね。よって、供託の受諾になるんです（P85の「供託物の方向性」）。

P84
└　このように、還付請求権の譲渡の通知は供託の受諾となり供託者の取戻請求を封じるため、還付請求権に生じたことが取戻請求権に関係します（P83の「取戻請求権と還付請求権の性質・関係②」の例外）。取戻請求権の譲渡の通知がされても、還付請求権に影響がなかったので（P84）、ご注意ください。

3．被供託者以外の者の供託の受諾の意思表示の可否

被供託者でなくても、供託所に対して供託の受諾の意思表示ができる者がいます。

供託の受諾の意思表示ができる（○）	供託の受諾の意思表示ができない（×）
①還付請求権の譲受人 ②還付請求権の取立権を有する差押債権者 ③還付請求権の転付命令を受けた債権者 ④被供託者の一般債権者（債権者代位による。昭38.2.4民事甲351） 　④を記憶しましょう。単なる一般債権者でもできるのなら、還付請求権を譲り受けたり（①）、差押えをしたり（②）、転付命令を受けたり（③）までした債権者はできるでしょう。	①還付請求権の仮差押債権者（昭38.2.4 民事甲351） 　仮差押えは、第三債務者（ここでは供託所）に対して、債務者（ここでは被供託者）への弁済を禁止するだけです。よって、それ以上のことはできないんです。

4．効果

供託者が取戻請求権を行使できなくなり、供託者の取戻請求が封じられます（民法496条1項前段参照）。

なお、共有建物の賃貸借（賃貸人が複数いる場合）において、賃借人が受領拒否を原因とする弁済供託をしたことがありました。この場合に、数人の被供託者のうちの1人が供託の受諾をしたとき、供託者は受諾していない他の被供託者についての供託金については取戻請求をすることができます（昭36.8.26民事甲1624）。

供託の受諾をしたのは被供託者のうちの1人なので、取戻請求が封じられるのは供託の受諾をした者についての供託金に限られるからです。

※供託の受諾の意思表示の撤回の可否

被供託者は、供託の受諾の意思表示をしたら、撤回することができません（昭37.10.22民事甲3044。P85の「供託物の方向性」）。

これは、禁反言の原則（「1度言ったことは守れ！」という原則）からきています。

③ 払渡請求権の消滅時効

1．消滅時効にかかる

払渡請求権も、普通の債権と同じく、権利を行使することができることを知った時から5年間、または、権利を行使することができる時から10年間行使しないと、消

減時効にかかると解されています（民法 166 条 1 項。最大判昭 45.7.15。P83 の「取戻請求権と還付請求権の性質・関係①」）。── 民法Ⅰのテキスト第2編第 10 章第3節①1. 供託は、民法上の寄託契約の性質を有するからです（最判昭 50.11.20。P31①）。

取戻請求も還付請求もできなくなった供託物は、国庫（国のお財布）に帰属します。

2．消滅時効の起算点

供託の種類、払渡請求の理由によって、消滅時効の起算点が異なります。試験に出題されるものをみていきます。

判断基準

消滅時効の起算点は、払渡請求権の行使をすることを現実に期待できる時です。

（1）弁済供託

以下の表のとおり、弁済供託の原因によって異なります。

	取戻請求権	還付請求権
受領拒否	**現実に権利の行使が期待できる時**（昭 45.9.25 民事甲 4112） ex. 家賃の額に争いがある場合の弁済供託なら、大家と賃借人の紛争が解決した時になります。家賃の額に争いがあるので、供託時から行使することを期待できないんです。	
受領不能	**供託者が免責の効果を受ける必要が消滅した時**（最判平 13.11.27。平 14.3.29 民商 802） ex. 供託の基礎となった債務の弁済期（供託がこれに後れるときは、供託時）から5年または 10 年経過した時となります。このときに被供託者が還付請求できなくなるので、供託が不要となるからです。これは以下の図をご覧ください。 供託者は弁済したと考えているので、この時までは取戻請求をすることを期待できません。	**供託時**（昭 60.10.11 民四.6428） 還付の障害が特にないからです。 ex. 大家の相続人が誰であるかわからない債権者不確知の場合、供託時となります。 **（供託の基礎となった事実関係において争いがある場合）** **還付請求権者が確定した時** ex. 夫婦のどちらが預金者か争いがある債権者不確知の場合、どちらが還付請求権者か確定した時となります。 還付請求権者が確定しないと、還付請求ができないからです。
債権者不確知		

(2) 営業保証供託

　たとえば、不動産業者は、主たる事務所以外の事務所もある場合は、その他の事務所1か所につき500万円供託しています（宅地建物取引業法施行令2条の4。P3ex1.＊）。不動産業者がその他の事務所を廃止した場合、廃止した事務所についての営業保証金は取り戻すことができます。この取戻請求権の消滅時効の起算点は、取戻しが可能となった時です。

(3) 錯誤

　P92②で説明しますが、供託が錯誤によりなされた場合、供託者は供託物を取り戻すことができます（供託法8条2項）。この取戻請求権の消滅時効の起算点は、以下の①または②の時点です。

①供託書の記載により形式的に供託原因の不存在が明らかな場合

　→　供託時（昭45.9.25民四.723）

　たとえば、管轄違いの供託が当たります。管轄違いの供託は無効な供託ですので（P15（a））、供託時から取戻しが可能です。

②それ以外の場合

　→　供託が錯誤によるものであることが確定した時点（平14.3.29民商802）

　たとえば、供託を錯誤とした判決が確定した場合が当たります。この場合、判決が確定した時から取戻しが可能となります。

※有価証券払渡請求権の時効消滅

　有価証券が供託されていることもあります（P10（2））。金銭が供託されている場合と異なり、有価証券払渡請求権は時効消滅しません（大11.9.18民2214、大12.5.15民1180、昭4.7.3民5618）。有価証券の所有権は時効によって消滅しないからです。
―― 民法Ⅰのテキスト第2編第10章第3節2　　ただ、有価証券に表章されている請求権、つ

まり、有価証券の中身は債権であるため、時効消滅します。ということで、上記の「有価証券払渡請求権は時効消滅しません」というのは、中身の債権が時効消滅しても有価証券（紙）の払渡しは受けられるということです。

3．時効の更新

　払渡請求権も、消滅時効の更新がされることがあります。やはり払渡請求権は、普通の債権に近い性質を有しているんです（P83 の「取戻請求権と還付請求権の性質・関係①」）。供託所の行為が債務の承認（民法 152 条 1 項）に当たる場合には、払渡請求権の消滅時効が更新します。—— 民法Ⅰのテキスト第2編第 10 章第 1 節 7 3.（6）

判断基準

【原則】・供託官が何かをした　　　　　→　債務の承認に当たる

　　　　・供託官以外の者が何かをした　→　債務の承認に当たらない

　以下の表の下線を引いている主語に着目してください。原則として主語が供託官であれば債務の承認に当たり、主語が供託官以外の者であれば債務の承認に当たらないということです。問題を解くときも、主語が何かを考えてください。

【例外】以下の表の右の③

債務の承認に当たる（○）	債務の承認に当たらない（×）
①供託官が供託金の過小誤払いについて不足額の催告をした場合（昭 34.2.12 民事甲 235）	①弁済供託において被供託者が供託受諾書を提出した場合（昭 36.1.11 民事甲 62）
②供託官が口頭で払渡しができると答えた場合（昭 33.6.24 民四.102）	②払渡請求権を差押債権者が差し押さえた場合（昭 44.3.3 民事甲 345）
③供託官が供託金の一部を払い渡した場合（昭 39.11.21 民事甲 3752） 残額について、時効が更新します。	③供託官が被供託者からの質問に対して一般的な払渡しの手続を説明した場合（昭 41.10.5 民事甲 2828） たしかに供託官が説明しています。しかし、"一般的な"払渡しの手続の説明です。特定の供託について供託官が何かをしたわけではないため、特定の供託の時効が更新することはないんです。
④供託官が供託関係書類を閲覧（P119～120 1 ）させた場合（昭 39.10.3 民事甲 3198）	
⑤供託官が被供託者に対して供託されていることの証明書（P119～120 1 ）を交付した場合（昭 10.7.8 民事甲 675）	

第6章　供託払渡手続

第1節　払渡しの要件

　供託された物の払渡しを請求するには、払渡しの要件を充たしている必要があります。取戻請求権（下記[1]）と還付請求権（下記[2]）に分けてみていきます。

[1]　取戻請求権の行使の要件

　取戻請求権を行使できるのは、以下の①～③のいずれかの要件を充たしている場合です。

①弁済供託の場合における被供託者の供託不受諾（民法496条1項前段、供託法8条2項）

　弁済供託における供託者は、被供託者が供託を受諾（P85の1.）していなければ、原則として供託物を取り戻すことができます。供託不受諾を理由に供託物が取り戻されると、供託をしなかったものとみなされます（民法496条1項後段）。

　ただし、以下のi～iiiのいずれかに当たる場合には、供託不受諾を理由とする取戻請求はできません。

i　供託所に対して供託を有効と宣告した確定判決の謄本が提出された場合（民法496条1項前段、供託規則47条）

　この確定判決は、供託が有効であることを確認する確認判決だけでなく、給付判決でもOKです。また、供託が有効に成立している旨の記載が判決の理由中にある場合でもOKです。被供託者は供託受諾書を提出するだけで供託者の取戻請求を封じられるので（P86（1））、確定判決があったのなら、それが給付判決や判決の理由中の記載でも構わないんです。

ii　供託によって質権または抵当権が消滅した場合（民法496条2項）

　実体上、質権または抵当権が消滅してしまったので、後で「実は消滅していませんでした」となると第三者に不利益を与えることがあるからです。たとえば、弁済供託によって抵当権が消滅したと思って、「担保価値が十分な不動産だ！」と判断して、その後に融資をして抵当権の設定を受けた抵当権者を害します。

91

※保証債務が消滅しても、取戻請求ができなくはなりません。保証債務は、上記の抵当権の例のようなことが起こりにくいからです。

iii　供託者が取戻請求権を放棄した場合

　　取戻請求権の放棄は、取戻請求権放棄書を供託所に提出してすることができます（昭38.8.23民事甲2448）。「わざわざ放棄することなんてあるの？」と思われるかもしれません。たとえば、交通事故の加害者が損害賠償額を供託し、刑事訴訟で「被害者の方には大変申し訳ないことをしたと考えています。供託金を取り戻す気はありません。」という意思を示すために、取戻請求権を放棄することがあります。

　　この放棄の意思表示は、撤回することはできません（昭37.10.22民甲3044）。

②供託が錯誤に基づくものであること（供託法8条2項）

| 非常に強力 |

　　錯誤は簡単には認められないため、認められた場合には非常に強力なものとなります。

　　錯誤は非常に強力なので、被供託者が供託受諾書を供託所に提出した後であっても、供託者は錯誤を理由とするのであれば取戻請求権を行使できます。また、還付請求権について差押命令や転付命令が出されたとしても、錯誤を理由とするのであれば取戻請求権を行使できます（昭31.5.7民事甲973）。

③供託後に供託原因が消滅したこと（供託法8条2項）

　　これは、上記②の錯誤と違って、初めは有効な供託であったが、供託後に供託原因が消滅した場合です。

ex1. 売買の買主Yが売買代金債務の弁済供託をした後、売主Xが売買契約を解除した場合、Yは供託金を取り戻すことができます。

ex2. 保全命令の発令の条件として債権者Xが担保を供託した場合（民保法14条）、Xが本案で勝訴したときは、Xは供託物を取り戻すことができます。

2　還付請求権の行使の要件

1. 要件

　　還付請求権を行使できるのは、以下の①～③の要件を充たしている場合です。

①被供託者が確定していること
②被供託者の供託物に対する実体上の請求権が確定していること
③請求権の行使について条件が付されている場合には条件が成就していること

2．留保付き還付請求

　大家と賃借人が家賃の額でモメており、決着はついていないが、大家も「生活があるので還付請求をしたい。しかし、家賃がこの金額であると認めたとはとられたくない……。」といったことがあります。そこで、留保付き還付請求ができるかが問題となります。

判断基準

還付請求が供託者の供託した主旨と性質的に変化がない →　留保付き還付請求ができる	還付請求が供託者の供託した主旨と性質的に変化がある →　留保付き還付請求ができない

留保付き還付請求ができる（○）	留保付き還付請求ができない（×）
①債務者が債権全部に対する弁済として供託した金銭を、被供託者が債権額の一部に充当する旨を留保して還付請求をすること（昭35.3.30民事甲775、昭42.1.12民事甲175） 　債権全部か一部かで争いはありますが、供託者の供託した主旨と性質的に変化はありません（上記の「判断基準」）。	①賃借人が家賃として供託した金銭を、被供託者が損害賠償金として還付請求をすること（昭38.6.6民事甲1669） 　家賃と損害賠償金では、あまりに性質が違います（上記の「判断基準」）。
②賃借人が2か月分の家賃として供託した金銭を、被供託者が2か月分の家賃であることを前提に1か月分だけ還付請求をすること（昭38.6.6民事甲1675） 　これは、右の②と違って、2か月分の家賃であることを認めているので、供託者の供託した主旨と性質的に変化はありません（上記の「判断基準」）。	②賃借人が2か月分の家賃として供託した金銭を、被供託者が1か月分の家賃である旨を留保して還付請求をすること（昭39全国供託課長会同決議） 　2か月分と1か月分では、あまりに性質が違います（上記の「判断基準」）。

第2節　供託物の供託払渡手続

　前節の払渡しの要件を充たしたら、「実際に払渡しの請求をしよう」となります。払渡しを受ける手続のことを「供託払渡手続」といいます。この第2節では、供託払渡手続をみていきます。

P16

手続が厳格

　供託払渡手続は、第2章でみた供託受入手続に比べて、手続が厳格になっています。供託払渡手続とは、供託者や被供託者などが金銭などを受け取る手続だからです。これも、税金と同じです。税金も、払い過ぎたものを返してもらうのは大変です。会社員の方は年末調整で受け取るだけですが、その前に会社が面倒な手続をして還付してもらっているんです。個人事業主の方は確定申告で還付を受けられることがありますが、確定申告の手続は大変です。国民側が金銭などを受け取る手続は、手続が厳格になっていることが多いんです……。

　まずは、手続の流れをチャート図で確認しましょう。

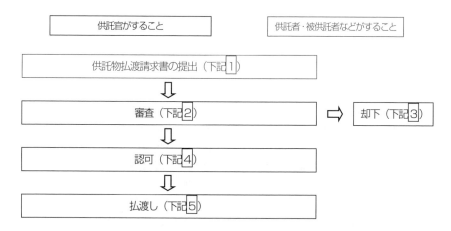

＊以下の説明をお読みになる際は、その都度このチャート図に戻って、今どこを学習しているのかを確認してください。

1　供託物払渡請求書の提出

> **供託規則22条（供託物払渡請求書）**
> 1　供託物の還付を受けようとする者又は供託物の取戻しをしようとする者は、供託物の種類に従い、第25号から第26号の2までの書式による供託物払渡請求書（供託物が有価証券又は振替国債であるときは請求書2通）を提出しなければならない。

1．供託物払渡請求書の様式

　供託物の種類（金銭か有価証券か振替国債か）に従って供託物払渡請求書の様式が定められています。供託物の払渡請求も、自由なフォーマットですることはできず、様式に従ってする必要があるんです（供託規則22条1項）。　=P17

　供託物払渡請求書の提出方法は、以下の2つがあります。

①供託物払渡請求書（書面）を提出

　供託物払渡請求書を供託所の窓口に持って行ってもいいですし、郵送しても OK です。また、使者に供託所の窓口に持って行かせても OK です。　=P17

②申請書情報（データ）を送信

　払渡請求も、オンラインですることができます。ただ、やはり供託物によってはオンラインでできない払渡請求もあります。

オンライン申請ができる（○）	オンライン申請ができない（×）
①**金銭**（供託規則38条1項2号） ②**振替国債**（供託規則38条1項2号）	①**有価証券**（供託規則38条1項2号参照） 　有価証券は基本的に紙なので、オンラインでの処理に適さないからです。

2．供託物払渡請求書の記載事項

　では、供託物払渡請求書を実際にみてみましょう。供託物の種類によって様式が異なりますが、次のページの供託物払渡請求書は金銭のものです。

請求年月日	令和 6 年 8 月 15 日	受付番号	第　　　号
供託所の表示	東京法務局	整理番号	第　　　号

払渡請求事由及び還付取戻の別

還付　　取戻

1. 隔地払、国庫金振替、預貯金振込を希望するときはその旨

⑫
⑪
⑧
⑨
⑩
①
②

請求者の住所氏名等

東京都新宿区新宿一丁目1番1号
リアルスティックアパート101

X　㊞

（会社法人等番号（任意））　　　－　　　－

（代理人による請求のときは、代理人の住所氏名も記載します。）

○供託受諾　　1. 供託不受諾
2. 担保権実行
2. 供託原因消滅
3.　　　　　　3.

1. 隔地払　　　　　　　　銀行　　　　店
受取人
2. 国庫金振替
3. 預貯金振込
振込先　　　　　　　銀行　　　　店
預貯金の種別　普通・当座・通知・別段
預貯金口座番号
預貯金口座名義人（かな書き）

供託番号	元本金額	利息を付す期間	利息金額
令和6年度金第 53 号	50,000 円	年 月 日 から 年 月 日 まで	円
年度金第　　号		年 月 日 から 年 月 日 まで	
年度金第　　号		年 月 日 から 年 月 日 まで	
年度金第　　号		年 月 日 から 年 月 日 まで	
元本合計額		元	
		利	
		計	件

備考

認可　年　月　日　㊞

元本金額　億千百十万千百十円　¥50000

（注）元本合計額の冒頭には￥記号を記入します。

上記金額を受領した。
　　　　　年　　月　　日
受取人氏名
（代理人により受け取るときは、本人の氏名及び代理人の氏名）

【供託物払渡請求書の記載事項】

　供託物払渡請求書の記載事項は、以下の①～⑫の事項ですが、これはサラっとご覧いただければ大丈夫です。

①供託番号（供託規則22条2項1号）

②供託金の額、供託有価証券の名称・総額面・券面額などまたは供託振替国債の銘柄・金額（供託規則22条2項2号）

③払渡請求の事由（供託規則22条2項3号）

④還付または取戻しの別（供託規則22条2項4号）

⑤隔地払の方法または預貯金振込みの方法により供託金の払渡しを受けようとするときは、その旨（供託規則22条2項5号）

⑥国庫金振替の方法により供託金の払渡しを受けようとするときは、その旨（供託規則22条2項6号）

⑦供託振替国債の払渡しを請求するときは、請求者の口座（供託規則22条2項7号）

⑧請求者の氏名・住所（法人などの場合は、その名称・主たる事務所・代表者などの氏名。供託規則22条2項8号）

⑨請求者が供託者・被供託者の権利の承継人であるときは、その旨（供託規則22条2項9号）

⑩代理人により請求する場合、代理人の氏名・住所（供託規則22条2項10号）

⑪供託所の表示（供託規則22条2項11号）

⑫払渡請求の年月日（供託規則22条2項12号）

３．通数

　供託物払渡請求書は、供託物の種類によっては1通ではなく2通提出しないといけない場合もあります。まず、供託物の種類にかかわらず、1通は提出する必要があります。供託所に保存しておく必要があるわけです。では、もう1通必要な場合とはどのような場合でしょうか。

（1）金銭

　→　供託金払渡請求書を1通提出

　金銭の払渡しは、以下の方法で払渡しを受けるので、下記（2）の有価証券のように2通用意する必要性がないからです。

（a）原則

　供託官は、供託金の払渡しの請求を理由があると認めたときは、小切手を振り出し

て請求者に交付します（供託規則28条1項）。

　「供託所で現金を渡してあげないの？」と思われるかもしれませんが、払い渡す金額が億単位になることもあります。金融機関ではない供託所に多額の現金を置いておくわけにはいかないので、「小切手を渡すから、銀行とかに行って換金してね」とされているんです。

（b）例外

　供託金払渡請求書に以下の①〜③の方法による旨の記載がある場合（P97⑤⑥）、小切手の交付ではなく、以下の①〜③の方法で払渡しがされます。

①隔地払の方法（供託規則28条2項）

　これは、請求者の住所地または最寄りの銀行で支払を受ける方法です。請求者が払渡請求をする時に他の都道府県に居住している、といった場合に利用されます。

②預貯金振込みの方法（供託規則28条2項）

　これは、請求者の預貯金口座に直接振り込んでもらう方法です（供託規則22条2項5号かっこ書）。振り込んでもらえるので便利なのですが、振込みまで通常は3〜4日かかります。よって、急いで現金が必要な場合には、上記（a）の方法を選択することになります。

　振込みを受ける預貯金口座は、請求者本人のものだけでなく、代理人名義のものを指定することもできます（供託規則22条2項5号かっこ書）。司法書士が代理人として払渡請求をした場合は、司法書士の口座を指定してもいいわけです。これは、かつては認められていませんでしたが、平成26年の改正で認められました。**不動産登記法Ⅰのテキスト第1編第7章6**2.（2）で説明しましたが、司法書士の権限は少しずつ拡大している傾向にあるんです。

③国庫金振替の方法（供託規則28条3項）

　これは、請求者が官庁などである場合です。払渡しをするのが供託所であり、払渡しを受けるのは官庁などなので、国庫金振替えの方法によるわけです。

（2）有価証券

　→　供託有価証券払渡請求書を2通提出（供託規則22条1項かっこ書）

　1通は、供託所の保存用です。もう1通は、供託官が記名押印して請求者に交付する用です（供託規則 29 条1項）。交付を受けた請求者は、これを持って日本銀行（日本銀行の代理店となっている民間の金融機関など）に行って有価証券の交付を受けます（供託準則 60 条1項）。有価証券は供託所ではなく日本銀行が扱うので（P26⑤）、有価証券を交付するのは日本銀行となるんです。

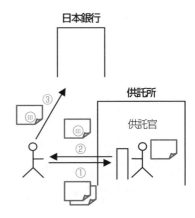

（3）振替国債

　→　供託振替国債払渡請求書を2通提出（供託規則 22 条1項かっこ書）

　1通は、供託所の保存用です。もう1通は、供託官が記名押印して請求者に交付する用です（供託規則 29 条2項）。ただ、上記（2）の有価証券と異なり、請求者がこれを持って日本銀行に行くわけではありません。振替国債の場合、供託官が銘柄ごとに振替の申請をしてくれます（供託準則 61 条）。ではなぜ請求者に交付するかというと、上記（1）の金銭と違い、小切手をもらえるわけではなく、何ももらえないと請求者が不安になってしまうため、控えを渡す趣旨で交付されるんです。

4．供託物払渡請求書の訂正の可否
（1）原則

　供託物払渡請求書も、書くときに書き間違えてしまう場合があります。書き間違えた場合は、原則として訂正をすることができます。このとき、原則として押印する必要があります（供託規則6条4項本文）。供託物払渡請求書は、P96 の見本にもありますとおり、原則として押印が必要な文書だからです。原則として押印があるため、供託金払渡請求書・供託振替国債払渡請求書の金額についても訂正できるのです。

（2）例外

　ただし、供託有価証券払渡請求書の有価証券の枚数・総額面は、訂正をすることができません（供託規則6条6項）。有価証券は、上記3．（2）で説明しましたとおり、提出した供託有価証券払渡請求書2通のうち、1通を日本銀行に持って行きます。そこで、枚数・総額面の訂正ができると、供託所で交付を受けてから日本銀行に行く間に（上記3．（2）の図でいうと②と③の間に）改ざんする可能性があるんです。それに対して、金銭は交付を受けるのは小切手です。振替国債は供託振替国債払渡請求書

の交付を受けますが、それを持って日本銀行に行くわけではありませんので、改ざんしても単なる自己満足です。

　有価証券の枚数・総額面を書き間違えたら、面倒ですがすべて書き直してください。そこで、有価証券の枚数・総額面から書くことをお勧めします。

【供託書と供託物払渡請求書の比較】

		供託書	供託物払渡請求書	
			供託金払渡請求書 供託振替国債払渡請求書	供託有価証券 払渡請求書
押印		不要	（原則）要	
訂正	原則	○	○	
	金額・枚数・総額面	×	○	×

5．添付書類・提示書類

　払渡請求は、金銭などを受け取る手続なので、添付書類・提示書類が多くなっています。以下の３つに分けてみていきます。

①取戻請求・還付請求に共通の添付書類・提示書類（下記（1））
②取戻請求の添付書類（下記（2））
③還付請求の添付書類（下記（3））

（1）取戻請求・還付請求に共通の添付書類・提示書類
（a）必要となり得る添付書類・提示書類
　ⅰ 印鑑証明書
（ⅰ）意義

　以下の①または②の者は、原則として、供託物払渡請求書または委任状（委任による代理人が払渡請求をする場合）に実印で押印し、市区町村長または登記所の作成した印鑑証明書を添付する必要があります。

①払渡請求者（供託規則26条1項本文）
②法定代理人、支配人、法人・法人でない社団または財団の代表者など（供託規則26条2項）

ex1. 親権者が未成年の子を代理して払渡請求をする場合の親権者

ex2. 代表者が会社を代表して払渡請求をする場合の代表者

ex3. 破産管財人が払渡請求をする場合の破産管財人（平20.4.7民商1178）

（ⅱ）趣旨

払渡請求は金銭などを受け取る手続なので、厳格に本人確認が行われるんです（P94の「手続が厳格」）。

（ⅲ）添付を要しない場合

払渡請求をする場合であっても、以下の①〜⑦のいずれかに当たるときは、印鑑証明書の添付は不要です。添付が不要となるのは、以下の①〜⑦の場合のみであるということもよく出題されます。たとえば、「供託書正本と供託通知書を添付すれば印鑑証明書の添付は不要になる」といったひっかけの出題がされることがあります。

①登記された法人の代表者の印鑑（登記所届出印）について簡易確認手続を経たとき（供託規則26条1項ただし書）

P23（2）で説明した簡易確認手続を経た場合です。登記された法人の代表者であれば、印鑑届けをするのは登記所（法務局）なので、実印かどうかは登記所の法人登記部門で確認できるんです。

②払渡請求者が官庁（国の機関。ex. 裁判所）または公署（国の機関以外の公的機関。ex. 都道府県、市町村）であるとき（供託規則26条3項1号）

官庁または公署の印鑑証明書は、存在しないからです。たとえば、東京都知事の印鑑について、「東京都知事の印鑑だよ」と証明できる者はいません。

③払渡しを請求する者が個人である場合において、運転免許証、個人番号カード、在留カードその他の官庁または公署から交付を受けた書類その他これに類するもの（氏名、住所および生年月日の記載があって本人の写真が貼付されたものに限る）であって、その者が本人であることを確認することができるものを提示し、かつ、その写しを添付したとき（供託規則26条3項2号）

個人が本人申請をする場合であれば、運転免許証などを供託所の窓口で提示すればOKなんです。「在留カード」とは、外国人の方の身分証明書です。ポイントは、「住所」と「写真」が必要である点です。よって、旅券（パスポート）はダメです。パスポートをお持ちであれば見ていただきたいのですが、住所が記載されていません（自

分で書く欄はありますが。旅券法6条1項、旅券法施行規則5条6項参照)。

　なお、これらの証明書の写しを添付する必要があります。かつては写しの添付は不要だったんですが、本人確認資料が何も供託所に残らないのはマズイだろうということで、平成29年の改正で写しの添付が要求されるようになりました。

④**取戻請求をする場合に、供託の際に供託官に提示した委任状であって払渡請求者などが払渡請求書または委任状に押印した印鑑と同一の印鑑を押印したものを払渡請求書に添付したとき（供託規則26条3項3号）**

　これは、供託時に提示した委任状を取戻請求の際に添付するということです。供託時に委任状を提示する際、請求すると供託官が「確認済」という印判を押してくれるんです（供託準則32条の2）。それを添付できるということは、供託者で間違いないだろうということです（供託準則63条2項）。

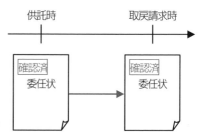

⑤**法令の規定に基づいて印鑑を登記所に提出することができる者以外の者が取戻請求をする場合において、官庁または公署から交付を受けた供託の原因が消滅したことを証する書面を払渡請求書に添付したとき（供託規則26条3項4号）**

ex. 保全命令の発令の条件として債権者である個人が担保を供託した場合に（民保法14条)、債権者が本案で勝訴して供託原因が消滅したため取戻請求をするときに、裁判所の担保取消決定書と確定証明書を添付すれば、債権者の印鑑証明書の添付は不要となります。

　供託しておく必要がなくなったことが、官庁または公署の書面によって明らかとなり、その書面を添付した者は取戻請求ができる供託者であることが間違いないと考えられるからです。

⑥**法令の規定に基づいて印鑑を登記所に提出することができる者以外の者が供託金の払渡請求をする場合であり、その額が10万円未満である場合において、官庁または公署の決定によって供託物の払渡しをすべきときに、払渡しを受けるべき者に交付する証明書を供託物払渡請求書に添付したとき（供託規則26条3項5号）**

　これは、P46で説明した、差押債権者が裁判所の支払委託によって支払証明書を添付して還付を受ける場合が当たります。差押債権者が裁判所から交付を受けた支払証明書を添付すれば、還付請求権者で間違いないと考えられるからです。

　上記⑤と違って額が 10 万円未満に限定されているのは、差押債権者同士で争いがあることがあるので、安全を期すために少額の還付に限定したんです。

※⑤・⑥の場合であっても印鑑証明書の添付が要求される場合

　上記⑤・⑥の場合であっても、委任による代理人（ex. 司法書士）に対する預貯金の払込みの方法によるときは（P98②）、印鑑証明書の添付が必要となります（供託規則 26 条 3 項 4 号かっこ書、5 号）。

　司法書士などの口座に振り込むことになるので、払渡請求者の意思確認を厳格にする必要があるからです。

⑦裁判所によって選任された者がその職務として供託物の払渡しを請求する場合において、供託物払渡請求書または委任による代理人の権限を証する書面に押された印鑑につき裁判所書記官が作成した証明書を供託物払渡請求書に添付したとき（供託規則 26 条 3 項 6 号）

　たとえば、破産管財人が払渡請求をする場合、破産管財人個人の住所地の市区町村長が作成した印鑑証明書を添付しても構いません（平 20.4.7 民商 1178）。しかし、裁判所書記官が印鑑証明書を作成してくれるので、その印鑑証明書を添付すれば、破産管財人個人の住所地の市区町村長が作成した印鑑証明書を添付する必要がなくなると解されます。裁判所書記官が作成した印鑑証明書なので、真正が担保されるからです。

　この⑦は、令和 4 年の改正で新設されました。

ii　資格証明書（供託規則 27 条 3 項、14 条 1 項前段、2 項、3 項）

　資格証明書の添付・提示と具体的な書面の内容は、供託受入手続（P21～22①）と同じです。

iii　代理権限証書（供託規則 27 条 1 項）

　代理人が払渡請求をする場合は、代理人の権限を証する書面（ex. 司法書士が代理して申請する場合の委任状）を添付する必要があります（供託規則 27 条 1 項本文）。払渡請求は金銭などを受け取る手続なので、提示ではダメなんです（P94 の「手続が厳格」）。

　ただし、支配人その他登記のある代理人の代理権限証書（登記事項証明書）は、提示で OK です（供託規則 27 条 1 項ただし書）。同じ法務局の法人登記部門で、確認できるからです。

iv　承諾書

　払渡請求の際、利害関係人の承諾書を添付する場合があります。

ex1. 錯誤を理由として取戻請求をする場合、被供託者の承諾書を添付することがあります（P107（ｂ））。

ex2. 被供託者を「ＸまたはＺ」とする債権者不確知を原因とする弁済供託がされている場合、Ｘが還付請求をするときにＺの承諾書を添付することがあります（P108～109②）。

　このように利害関係人の承諾書を添付する場合には、以下の①～④の書面も添付する必要があります。①がよく出題されるので、①から押さえてください。

①承諾書に押された印鑑について市区町村長または登記所の作成した印鑑証明書（供託規則25条2項、24条2項1号）

　承諾書の作成者である利害関係人の意思を確認するために添付します。

　この印鑑証明書については、P101～103（ⅲ）の方法によって添付を省略することはできません。

②登記された法人が利害関係人となるときは、代表者の資格を証する登記事項証明書（供託規則25条2項、24条2項2号）

③登記されていない法人が利害関係人となるときは、代表者の資格を証する書面（供託規則25条2項、24条2項3号）

④法人でない社団または財団であって代表者または管理人の定めのあるものが利害関係人となるときは、代表者または管理人の資格を証する書面（供託規則25条2項、24条2項4号）

　この①～④について作成期限があります。承諾書の作成前3か月以内または承諾書の作成後に作成されたものである必要があります（供託規則25条2項、24条2項柱書）。右の図のとおり、不動産登記の印鑑証明書などと違って、払渡請求時点で作成後3か月以内である必要はあり

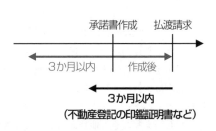

ませんので、ご注意ください。たとえば、払渡請求時点で作成から4か月経過しているものでも、承諾書の作成前3か月以内のものであったら構わないんです。

ⅴ　その他
（ⅰ）払渡請求者と副本ファイルの記録が異なる場合

　払渡請求者である供託者または被供託者の氏名（名称）・住所が副本ファイルの記録と異なる場合、同一人であることを証する書面を添付する必要があります。

ex. 供託者が供託後に引っ越しをした場合、供託者が取戻請求をするときは、住民票の写しを添付する必要があります。

　副本ファイルの記録と異なると、供託官が同一人であると判断できないからです。

☞ **「副本ファイル」とは？**

　　副本ファイル：磁気ディスクによって調製された（データで保存された）供託所における事件の記録。供託書に記載されている事項などが記録される。

（ⅱ）払渡請求権の代位行使

　払渡請求権も、普通の債権と同じく、債権者代位権の行使の対象となります（P83の「取戻請求権と還付請求権の性質・関係①」）。供託者または被供託者の債権者が、債権者代位権の行使によって供託物を受領する場合、以下の①②の書面を添付する必要があります（昭 38.5.25 民事甲 1570）。

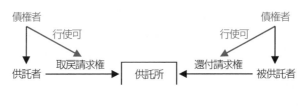

① 供託者または被供託者に対して債権を有する事実を証する書面（債務名義または債務者の承諾書）
② 債権の保全の必要性を証する書面（債務者が無資力であることを証する書面）

　債権者代位権の要件に被保全債権の存在と保全の必要性があるので、それを充たしていることを証する必要があるわけです。—— **民法Ⅲのテキスト第5編第3章第3節12.**

（ⅲ）払渡請求権の譲受人による払渡請求

　払渡請求権の譲受人が払渡請求をする場合、払渡しを受ける権利を有することを証する書面を添付する必要はありません。

　払渡請求権の債権譲渡がされると、譲渡人である供託者または被供託者から供託所

に対して通知がされます（P84）。この譲渡通知書は、譲渡通知書等つづり込帳に編綴され（供託規則5条1項）、副本ファイルに通知書に関する記録がされます（供託準則75条）。よって、供託所のほうで譲受人に債権譲渡がされたことが明らかとなるため、払渡しを受ける権利を有することを証する書面が不要となるんです。

☞「譲渡通知書等つづり込帳」とは？

　　譲渡通知書等つづり込帳：債権譲渡通知書、供託受諾書、差押命令書、仮差押命令書などを編綴したもの（供託規則5条）。副本ファイルと異なり、データではなく、紙。

（b）簡易確認手続

　登記された法人の代表者の資格証明書（P103 のⅱ）と支配人の代理権限証書となる登記事項証明書（P103 のⅲ）は、P23（2）の手続（簡易確認手続）を採れば、提示さえ省略することもできます（供託規則27条2項、3項、14条1項後段）。理由も同じです。

（c）添付書類・提示書類の有効期間

　以下の①〜③の書面は、原則として作成後3か月以内のものである必要があります（供託規則9条）。①②は、P23〜24（3）と同じです。

①資格証明書
②官庁または公署が作成した代理権限証書
③印鑑証明書

（2）取戻請求の添付書類　取戻しをする権利を有することを証する書面

> **供託規則25条（取戻請求の添付書類）**
> 1　供託物の取戻しをしようとする者は、供託物払渡請求書に取戻しをする権利を有することを証する書面を添付しなければならない。ただし、副本ファイルの記録により、取戻しをする権利を有することが明らかである場合は、この限りでない。

　取戻請求権の行使の要件は、以下の（a）〜（c）の3つがありました（P91〜92 1）。1つ1つ、取戻しをする権利を有することを証する書面の添付が必要かをみていきます。

（a）弁済供託の場合における供託不受諾

　取戻しをする権利を有することを証する書面の添付は、不要です（供託規則 25 条１項ただし書）。

　供託の受諾がされると副本ファイル（P105）に記録されるので、供託所のほうで供託不受諾を判断できるからです。

（b）錯誤

　供託が錯誤によるものであることを証する書面を添付しなければなりません（供託法８条２項、供託規則 25 条１項本文）。

ex. 供託が錯誤であることを確認した確定判決、被供託者の承諾書

　供託が錯誤によるものであることは、副本ファイルの記録から明らかにならないからです。

※債権額を超える供託がされた場合

　債権額を超える額の供託も、以下の①②の場合には、本来の債務額の範囲内において有効であると解されています（福岡高判昭 49.1.29 参照）。

①特段の事情がない場合

②債務の同一性が認められる場合

　そして、錯誤により債権額を超える額の供託がなされた場合、超過額について供託が錯誤によるものであることを証する書面を添付して取戻請求をすることができます（昭 36.4.8 民事甲 816）。

（c）供託原因消滅

　供託後に供託原因が消滅したことを証する書面を添付しなければなりません（供託法８条２項、供託規則 25 条１項本文）。

ex1. 売買代金債務の弁済供託がされたが、売買契約が解除されたため買主である供託者が供託金を取り戻す場合、売買契約の解除通知書などを添付します。

ex2. 保全命令の発令の条件として債権者が担保を供託した場合に（民保法 14 条）、債権者が本案で勝訴して供託原因が消滅したため取戻請求をするときは、裁判所の担保取消決定書と確定証明書を添付します。

　供託後に供託原因が消滅したことは、副本ファイルの記録から明らかにならないからです。

（3）還付請求の添付書類
（a）還付を受ける権利を有することを証する書面

供託規則24条（還付請求の添付書類）

1　供託物の還付を受けようとする者は、供託物払渡請求書に次の各号に掲げる書類を添付しなければならない。

一　還付を受ける権利を有することを証する書面。ただし、副本ファイルの記録により、還付を受ける権利を有することが明らかである場合を除く。

---

i　弁済供託
（i）原則

　弁済供託の場合、還付を受ける権利を有することを証する書面の添付は原則として不要です（供託規則24条1項1号ただし書）。

　弁済供託は原則として被供託者が特定しており、被供託者は副本ファイルに記録されているので、被供託者が還付請求をしてきたのであれば、供託所のほうで還付を受ける権利を有することを判断できるからです。

（ii）例外

　ただし、たとえば、以下の①や②のような場合には、還付を受ける権利を有することを証する書面を添付しなければなりません（供託法8条1項、供託規則24条1項1号本文）。

①被供託者の相続人が還付請求をする場合（昭37.6.19民事甲1622）
　相続を証する書面（戸籍全部事項証明書等）を添付します。

　これは、当然ですね。被供託者自身ではなく相続人が還付請求をするので、供託官からすると「お前ダレ？」となります。この「お前ダレ？」に、相続を証する書面で答えるわけです。

②被供託者を「XまたはZ」（債務者はY）とする債権者不確知を原因とする弁済供託がされている場合
　この場合、以下の書面などを添付する必要があります。
・Xが還付請求をするときはZの承諾書（Zが還付請求をするときはXの承諾書）
　債務者Yではなく（昭36.4.4民事甲808）、他の被供託者の承諾書を添付する必要があるのでご注意ください。被供託者XとZの間でどちらが還付を受けられるか争い

がある供託なので、債務者Yの承諾書を添付しても意味がないからです。

・XまたはZが債権者であることを確認する確定判決の謄本

　確定判決の謄本を添付する場合、判決の理由中でXまたはZが還付請求権を有することが確認できるときでもOKです（昭42全国供託課長会同決議）。

　では、被供託者を「XまたはZ」とする債権者不確知を原因とする弁済供託がされた場合に、第三者Wが、XおよびZを被告とする訴訟の確定判決の謄本を添付して、供託物の還付を受けることができるでしょうか。

　できません。

　Wが債権者だったということですが、そうすると被供託者を「XまたはZ」とする供託は無効となります（供託法9条。最判平6.3.10参照）。よって、債務者Yが取戻しをしたうえで、Wに弁済すべきです。

ⅱ　保証供託
（ⅰ）営業保証供託

　営業保証供託の場合、還付を受ける権利を有することを証する書面を添付しなければなりません（供託法8条1項、供託規則24条1項1号本文）。

ex. 監督官庁の証明書、営業保証供託をした者との営業上の取引によって生じた債権を証する債務確認書・確定判決・調停調書・公正証書

　営業保証供託は、供託書に被供託者を記載しません。不動産業者や旅行業者との取引で将来損害を被る可能性があるお客のために供託するものだからです。よって、還付を受ける権利を有することは、副本ファイルの記録から明らかになりません。

　なお、営業保証供託の供託物の還付の方法は以下の2つの方法があり、供託根拠法令（P9の1.）によって異なります。

①供託根拠法令に特別の定めがある場合に、競合する多数の債権者のため（被害者が多数いるとき）、特別の配当手続を経たうえで債権者が供託金の還付を受ける方法

　配当手続に従って、債権者が還付請求をします。官庁または公署が還付請求をするわけではありません。

　ただし、特別の配当手続の規定がある場合でも、供託金が債権額を超えるときは、債権者は個々に還付請求できます。債権者同士の争いが生じていないからです。

②供託根拠法令に特別の定めがない場合に、債権者が個々に随時還付請求権の存在を証明して還付を請求する方法

　これは、早い者勝ちとなります。そのため、批判もあります。

（ⅱ）裁判上の保証供託

　裁判上の保証供託の場合、 還付を受ける権利を有することを証する書面 を添付しなければなりません（供託法8条1項、供託規則24条1項1号本文）。

ex. 損害を被ったことを証する確定判決、和解調書、調停調書、供託者の債務確認書

　たしかに、裁判上の保証供託の場合、供託書に被供託者を記載しています。しかし、被供託者は損害がなければ還付を受けられないので、損害を被ったことを証する書面が必要となるんです。

　なお、裁判上の保証供託の被供託者は、供託物について他の債権者に先立って弁済を受ける権利を有します（民訴法77条、259条6項、民執法15条2項、民保法4条2項）。配当手続による必要がありません。裁判上の保証供託は、仮執行宣言に基づく仮執行や保全命令によって損害を受ける可能性のある債務者（被供託者）のためにするものなので（P4（2））、供託物は被供託者のためだけに供託されたものだからです。

（b） 反対給付をしたことを証する書面

　被供託者が反対給付をしなければならないときは（民法498条2項。P20⑧）、被供託者が還付を受けるには反対給付をしたことを証する書面を添付しなければなりません（供託規則24条1項2号）。

ex. 供託者の承諾書、確定判決の謄本、和解調書、所有権の移転の登記が完了した不動産の登記事項証明書

　供託の受諾の意思表示は、反対給付が未了であってもすることができました（P86※）。しかし、還付は供託物を受け取るための手続なので、反対給付をしたことを証する必要があるんです。

（4）添付書類の省略

　同一の供託所に対して同時に数個の払渡請求をする場合の添付書類の省略は、供託受入手続（P24（4））と同じです（供託規則27条3項、15条前段）。理由も同じです。

（5）原本還付

　供託物払渡請求書に添付した書類について原本還付の請求ができるのは、供託受入手続（P24（5））と基本的に同じです（供託規則9条の2第1項本文）。

　ただし、官公署作成の支払証明書と官公署が作成したもの以外の代理権限証書は、原本還付の請求ができません（供託規則9条の2第1項ただし書）。「官公署が作成したもの以外の代理権限証書」とは、たとえば、委任状ですが、委任状の原本を還付してしまうと、後で確認することが難しいからです。

2　審査

　供託物の払渡請求がされると、供託官は提出された供託物払渡請求書と添付書類・提示書類の審査をします。やはり供託官には形式的審査権しかありません。

3　却下

　供託官は、供託物払渡請求を受理すべきでないと認めるときは、却下決定書を作成して払渡請求者に交付します（供託規則31条、21条の7）。

4　認可

　供託官は、払渡しの請求を理由があると認めるときは、払渡しを認可します（供託規則28条1項前段、29条、44条2項）。

5　払渡し

　払渡しの方法は、P97〜99の3.で説明しました。よって、この 5 では、払渡しについてのその他の論点を扱います。

1．被供託者を2人とする供託

　債権者不確知を原因とする弁済供託ではなく、債権者（被供託者）が2人いるといった供託です。この場合、被供託者の持分が明らかでないときは、どのような割合で還付請求をすることになるでしょうか。

　各被供託者は、平等の割合で供託物の還付を請求することになります。

2．相続人が複数いる場合

　供託者または被供託者が死亡し、供託者または被供託者の相続人が複数いる場合、どのような割合で払渡請求をすることになるでしょうか。

　各相続人は、原則として、それぞれの相続分に応じた割合で供託物の払渡しを請求することになります（昭36.4.4民事甲808号）。

3. 営業保証供託の取戻請求

　不動産業者や旅行業者は、事業を廃止すれば供託物の取戻請求をすることができます。ただし、営業保証供託の供託物について権利を有する者に対し、6か月以上の期間を定めて権利申出をするように公告し、債権者の存否を確認する必要があります（宅地建物取引業法30条2項、旅行業法9条8項）。これは、営業保証金について滞納処分による差押えがされた（不動産業者や旅行業者が税金の滞納をしていた）といった場合でも同じです。

　「私たちの営業で損害を被った人はいませんか～？」と、損害を被った人を探す必要があるんです。

4. 認可と差押え

　供託物が金銭である場合、払渡しは原則として小切手によって行われます（供託規則28条1項。P97～98（a））。では、払渡請求の認可後、小切手の交付前に、第三債務者である供託所に差押命令が送達された場合、払渡しはされるでしょうか。

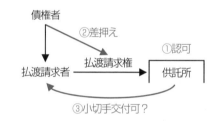

　されません。

　供託金の払渡手続は、供託官が小切手を請求者に交付することによって終了します。その前に、第三債務者である供託所に差押命令が送達されたことによって差押えの効力が生じているので（民執法145条5項）、第三債務者である供託所は払渡請求者へ弁済することが禁止されるんです（民執法145条1項）。

5. 一括払渡請求

　供託（P29[7]）と同じく、払渡しにも一括払渡請求ができる場合があります。ただ、供託よりも要件が厳しく、以下の①②を充たす必要があります（供託規則23条）。

P29
└
①同一人が数個の供託について同時に供託物の還付を受けまたは取戻しをしようとする場合であること
②払渡請求の事由が同一であること
　供託（P29[7]）には、「同一人」「同一」といった要件はありませんでした。
ex. 賃借人が数か月連続で家賃を弁済供託しており、被供託者である大家が数か月分の供託金を同時に還付請求する場合、同一人（大家）が同一の払渡請求の事由（供託受諾）に基づいているので、一括して還付請求をすることができます。

第3節　利息の払渡手続

> **供託法3条（供託金利息）**
>
> 供託金ニハ法務省令ノ定ムル所ニ依リ利息ヲ付スルコトヲ要ス

1 利息

供託金には、なんと利息が付きます（供託法3条）。供託金を預かった国は運用できるからです。

ただ、利率は、年0.0012％です……（供託規則33条1項）。かつては（明治32年～昭和7年）は、年36％だったんですが、超低金利の時代ですからね。

細かいのはムシ

利息の計算において、細かいのはムシされてしまいます。ケチです……。

利息は、供託金受入れの月と払渡しの月については、付されません。日割計算はされないわけです（供託規則33条2項前段。上記の「細かいのはムシ」）。

ex. 令和6年5月1日に供託され、令和6年8月15日に払渡しを受けるとすると、令和6年5月と令和6年8月の分は利息が付かないので、令和6年6月1日から令和6年7月31日までの2か月分の利息しか付きません。

また、供託金の全額が1万円未満であるとき、または、供託金に1万円未満の端数があるときは、供託金の全額または端数の金額について利息は付されません（供託規則33条2項後段。上記の「細かいのはムシ」）。

※支払委託による払渡しの場合

執行裁判所の支払委託（P46）による払渡しの場合、執行裁判所の配当の実施後に生じた利息（支払委託書の日付後の利息）が付されます（昭55.6.9民四3273）。

2 払渡しの時期

ここからは、供託の種類によって以下の2つに分けて考える必要があります。

①保証供託以外の供託
②保証供託

　保証供託のみ、担保の目的が元金だけだからです。保証供託は、供託金から生じる利息は供託者が払渡しを受けます。保証供託は、元金だけで十分な金額の供託がされるからです。

1．保証供託以外の供託
（1）原則
　利息は、原則として元金と同時に払い渡されます（供託規則 34 条 1 項本文）。

（2）例外
　元金の受取人と利息の受取人が異なるなど、元金と同時に利息を払い渡すことができないときは、元金の払渡しをした後に利息が払い渡されます（供託規則 34 条 1 項ただし書）。

ex. 被供託者が供託物還付請求権
　　のうち利息請求権のみを第三
　　者に譲渡した場合、被供託者が
　　元金の還付を受けた後に、利息
　　請求権の譲渡を受けた第三者
　　が利息の払渡しを受けます。

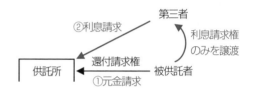

2．保証供託
　毎年、供託した月に応当する月の末日後に、同日までの利息が供託者に払い渡されます（供託規則 34 条 2 項）。保証供託のみ、担保の目的が元金だけだからです。ただ、毎月払渡しをするのは面倒なので、1 年単位で払い渡されるとされているんです。

ex. 令和 6 年 5 月 1 日に供託した場合、供託者は、翌年の令和 7 年から、毎年 6 月 1
　　日以降に 1 年分の利息の払渡請求をすることができます。

３ 払渡手続
1．元金と同時に払渡しを受ける場合 ── 上記２ 1．（1）
　この場合、供託金払渡請求書のみを提出すれば OK です。別に供託金利息請求書を提出する必要はありません。供託金払渡請求書のみを提出すれば、元金だけでなく利息の払渡しも受けることができます。

2．元金とは別に払渡しを受ける場合 ── 上記２ 1．（2）、2．
　この場合、供託金利息請求書を提出しなければなりません（供託規則 35 条 1 項）。利息のみの払渡請求だからです。

4　消滅時効

　払渡請求権は、消滅時効にかかりました（P87～88 の 1.）。利息請求権も、消滅時効にかかることがあります。

1.　保証供託以外の供託

（1）原則 ── 上記2 1.（1）

　原則として、利息請求権のみが消滅時効にかかることはないと解されています。
　利息は、原則として元金と同時に払い渡されるからです。

（2）例外 ── 上記2 1.（2）

　利息が元金とは別に払い渡される場合には、利息請求権は、元金の払渡しの日の翌日から 5 年または 10 年で時効消滅すると解されています（民法 166 条 1 項。昭 4.7.3 民 5618 参照）。
　元金が先に払い渡されるので、利息請求権の消滅時効があるわけです。

2.　保証供託 ── 上記2 2.

　利息の払渡請求をすることができる日（供託した月に応当する月の末日後の日）から 5 年または 10 年で時効消滅すると解されています（民法 166 条 1 項。昭 4.7.3 民 5618 参照）。
　利息のみ払渡しを受けられるので、利息請求権の消滅時効があるわけです。

5　利札の払渡し

利札：利息の支払を約するもので、有価証券の下部などに付属して発行されるもの
　利札は、有価証券から生じる利息だと考えてください。
有価証券の下部などに切り離しができる形で付属します。利札ごとに払渡しを受けられる期限が記載されており、期限が到来した利札を切り離して利息の支払を受けます。
　保証供託において有価証券が供託されている場合に、
利札の払渡しを受けられる期限が到来したときは、供託者は利札のみの払渡しを受けることができます（供託法 4 条ただし書）。やはり保証供託だと、担保の目的は利札には及ばないと解されているからです（昭 37.6.7 民事甲 1483）。

第7章　オンライン申請

　供託も払渡請求も、供託物が金銭または振替国債であれば、オンラインですることができました（供託規則38条1項。P17②、P95②）。この第7章で、オンライン申請の手続を詳しくみていきます。

1 申請書情報の送信

　オンライン申請は、申請書情報（データ）を供託所に送信します（供託規則39条1項)。このとき、申請書情報に電子署名をしたうえで電子証明書を送信する必要があるかは、以下のとおりです。

供託	払渡請求
電子署名も電子証明書の送信も不要 （供託規則39条3項柱書かっこ書）	**電子署名と電子証明書の送信が必要** （供託規則39条3項）
これは、書面申請の押印に対応しています。供託書には、押印は不要でした（P20※）。	これも、書面申請の押印に対応しています。供託物払渡請求書には、原則として押印が必要でした（P96）。
ただし、電子署名をして電子証明書の送信をすれば、以下の①②の書面の提示が不要となります。電子証明書から確認することができるからです。	電子署名をして電子証明書の送信をしていますので、以下の①②の書面の提示が不要となります。電子証明書から確認することができるからです。
①登記された法人の代表者の資格証明書（登記事項証明書。供託規則39条の2第1項） ②支配人などの代理権限証書（登記事項証明書。供託規則39条の2第3項）	①登記された法人の代表者の資格証明書（登記事項証明書。供託規則39条5項） ②支配人などの代理権限証書（登記事項証明書。供託規則39条7項）

　添付書類・提示書類については、添付書類・提示書類に代わる情報（添付書面情報）を送信します（供託規則39条2項本文）。この添付書面情報については、添付書類・提示書類の作成者が電子署名をしたうえで電子証明書を送信する必要があります（供託規則39条2項本文、3項）。

　ただ、やはり電子化されていない書類や電子署名が難しい場合もあります。そこで、添付書類・提示書類のみ書面で供託所に提出・提示することもできます（供託規則39条2項ただし書）。不動産登記や商業登記にもあった、いわゆる半ライン申請ですね。

2 供託金の納付

オンラインで供託をした場合、供託金の納付は、原則として、電子納付（P26④）の方法による必要があります（供託規則40条1項後段、20条の3第1項）。電子納付は書面申請でも可能でしたが、オンライン申請だと原則として電子納付がマストとなるんです。

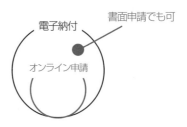

3 供託書正本

1．電子的な供託書正本

供託者が供託金を納付し、供託者が供託書正本にかかる電磁的記録（データ）を求める場合、供託官は供託者に対して供託書正本（電磁的記録）を提供します（供託規則40条2項）。オンライン申請なので、供託書正本もオンラインで提供されるんです。

しかし、「供託者が……求める場合」とありますとおり、供託者が電磁的記録（データ）を求めなければ、書面で供託書正本が交付されます（供託規則20条の3第4項）。

かつては、電磁的記録（データ）で供託書正本が提供されていました。しかし、電磁的記録での供託書正本を取得しない者が多かったので、平成24年に書面で交付できると改正されました。

書面主義に後退

このように、供託のオンライン申請は、書面主義に後退してしまっている点があります。

2．みなし供託書正本

供託者は、供託書正本にかかる電磁的記録（データ）を求めた場合、供託官に対し、供託書正本にかかる電磁的記録に記録されている事項を記載して供託官が記名押印した書面の交付を請求することができます（供託規則42条1項本文、4項）。これを「みなし供託書正本」といいます。やはり「紙も欲しい」という要請が強いので、紙の交付も求めることができるんです。

ただ、このみなし供託書正本の交付の請求は、一度しかすることができません（供託規則42条1項ただし書）。

4 払渡手続

　オンラインにより供託金の払渡しの請求をするときは、預貯金振込みの方法または国庫金振替の方法（払渡請求者が官庁などである場合）による必要があり（供託規則43条1項）、小切手の交付の方法によることはできません。オンライン申請だからです。

　供託官が供託金の払渡請求に理由があると認める場合、申請書情報をプリントアウトして、そこに認可する旨を記載して押印します（供託規則43条2項）。また、供託振替国債の払渡請求に理由があると認める場合も、申請書情報をプリントアウトしたものに払渡しを認可する旨を記載して請求者に通知します（供託規則44条2項）。オンライン申請ですが、やはり紙の要請が強く、結局は紙も出てくるんです。完全オンライン化は、まだまだ遠そうです……。

その他の供託の制度

最後にこの第8章で、これまで説明していないその他の供託の制度をみていきます。

1 閲覧・証明

> **供託規則48条（供託に関する書類の閲覧）**
> 1　供託につき利害の関係がある者は、供託に関する書類（電磁的記録を用紙に出力したものを含む。）の閲覧を請求することができる。
>
> **供託規則49条（供託に関する事項の証明）**
> 1　供託につき利害の関係がある者は、供託に関する事項につき証明を請求することができる。

1. 閲覧権者・証明請求権者

供託について利害関係がある者は、供託に関する書類の閲覧または供託に関する事項の証明を請求することができます（供託規則48条1項、49条1項）。

この「利害関係がある者」に当たるかどうかは、以下の表のとおりです。

判断基準

相続人以外は、「供託所にある供託関係書類から利害関係がわかるか」です。

利害関係がある者に当たる（○）	利害関係がある者に当たらない（×）
①供託者 ②被供託者 ③上記①②の相続人・合併後の存続法人 ④供託所への債権譲渡の通知がされた後の払渡請求権の譲受人 　供託所への債権譲渡の通知がされると、債権譲渡通知書が譲渡通知書等つづり込帳（P106）に編綴されるので（供託規則5条1項）、供託所にある供託関係書類から利害関係がわかります（上記の「判断基準」）。	①供託者または被供託者の一般債権者 ②取戻請求権や還付請求権を差し押さえようとする者 　これら①②の者は、供託所にある供託関係書類からは利害関係がわかりません。②の者は、差押え後であれば、差押命令書が譲渡通知書等つづり込帳に編綴されるので（供託規則5条1項）、利害関係がある者に当たります。

2．手続
（1）申請書の提出

　閲覧・証明の請求は、閲覧申請書・証明申請書を提出します（供託規則48条2項、49条2項）。この申請書には、閲覧申請・証明申請の目的を記載する必要があります。たとえば、「裁判所に提出する必要がある」といったことを記載します。

　証明申請書には、証明を請求する事項を記載した書面を、証明の請求数に応じて添付しなければなりません（供託規則49条3項）。これは右のようなもので、請求者側で用意して、供託官に押印をしてもらうんです。

```
…… （中略） ……
目的　　　○○
　…… （中略） ……
供託金額　○○円
供託者　　○○
被供託者　○○
　…… （中略） ……

供託官○○　㊞
```

（2）添付書類・提示書類

　以下の①～③の書面を添付・提示しますが、これらの書面の添付・提示は払渡請求の場合と同じです（供託規則48条3項、49条4項、26条、27条、14条1項、2項、3項）。

①印鑑証明書（＝P100～103のⅰ）
②資格証明書（＝P103のⅱ）
③代理権限証書（＝P103のⅲ）
　代理人によって閲覧・証明の請求をすることもできるんです。

※供託について利害関係があることを証する書面
　供託について利害関係があることを証する書面は、原則として、添付する必要はありません（昭35全国供託課長会同決議）。上記1.で説明しましたとおり、供託関係書類から利害関係があることがわからないといけないんです。原則として、請求者が利害関係があることを証することはできません。

（3）手数料
　手数料はかかりません。

2 供託カード

　賃料、給料その他の継続的給付についての金銭の供託をするために供託書を提出する者は、供託カードの交付の申出をすることができます（供託規則 13 条の 4 第 1 項本文）。賃料、給料などは、毎月生じますので、毎月供託しなければならないことも多いです。毎回、契約内容などをすべて供託書に記載するのはメンドーですよね。そこで、右のような供託カードの交付を受けておけば、2 回目以降は、供託カードを提示すれば、金額や氏名など一定の事項のみの記載で供託することができます（供託規則 13 条の 4 第 4 項）。それ以外の事項（ex. 供託の原因たる事実）は、1 回目と異なる場合のみ記載すれば OK です（供託規則 13 条の 4 第 4 項 4 号）。

　なお、供託カードの交付の申出をするかは任意です（供託規則 13 条の 4 第 1 項本文）。メンドーになりますが、毎回、供託書に必要事項をすべて書いても構いません。

3 代供託

　これは、有価証券が供託されている場合のハナシです。供託所は、供託されている有価証券の償還期限が到来した場合、供託者または被供託者からの請求を受けて、有価証券の償還を受けて、その償還金をもって供託を継続することができます（供託法 4 条）。これを「代供託」といいます。

　有価証券の償還を受けないと有価証券上の債権が時効消滅してしまう危険があるといった理由から、この請求が認められています。

4 差替え

1. 差替えとは？

　差替え：供託されている有価証券を他の有価証券または金銭に、供託されている金　　　　銭を有価証券に変更する手続

　その名のとおり、供託物の差替えをすることです。

　裁判上の保証供託において、裁判所の担保の変換の決定がある場合に、供託物を差し替えることが認められています（民訴法 80 条）。

ex. 民事訴訟において、訴訟費用の担保を立てることを裁判所に命じられることがあります。訴訟費用は原則として敗訴した当事者が負担しますが、原告が日本に住所を有しないときなど、負担を命じられても支払わないおそれが強い場合に、担

保を立てることを命じられることがあります（民訴法75条1項前段）。訴訟費用の担保として有価証券を供託している場合に、供託者は、裁判所の許可を得たうえで、供託物を有価証券から金銭に差し替えることができます。

2. 供託物の一部の差替えの可否

供託物の一部についてのみ差替えをすることもできます。

ex. 金銭100万円を供託した後、10万円についてのみ有価証券に差し替えることもできます。この場合、金銭と有価証券が供託物となります。

3. 差替えが認められない場合

取戻請求権に対して差押えなどの処分の制限がなされると、供託物の差替えをすることはできなくなります（昭36.7.19民事甲1717）。差替えは、供託されている有価証券または金銭の取戻しでもあります。よって、処分の制限がなされると、差替え（のうちの取戻し）が制限されてしまうんです。

5 保管替え

1. 保管替えとは？

保管替え：営業者が主たる事務所または営業所を移転したために管轄供託所に変更が生じた場合に、新たな供託所に新たな供託をすることなく、すでに供託している金銭または振替国債を新たな供託所に移管してもらう手続（供託規則21条の3）

これは、営業保証供託のハナシです。営業保証供託は、主たる事務所または営業所の最寄りの供託所に対してします（宅地建物取引業法25条1項、旅行業法8条7項。P14のi）。よって、主たる事務所または営業所を別の都道府県に移転した場合などには、管轄供託所が変わります。このとき、本来であれば、移転後の管轄供託所に金銭または振替国債を供託したうえで、移転前の管轄供託所から供託している金銭または振替国債を取り戻す必要があります。供託していない期間を生じさせないようにするためです。しかし、それだと、一時的に金銭または振替国債が2倍必要になってしまいます。営業保証供託は、供託金額が1000万円、7000万円などですから、営業者にかなりの負担になります。そこで、「移管してください〜」という請求ができるとされているんです。これが「保管替え」です。

2. 保管替えが認められない場合

以下の①または②の場合には、保管替えの請求ができません。

①供託物が有価証券である場合

有価証券だと、手続がメンドーだからです。

②取戻請求権について差押え・譲渡・質入れがされている場合

差押えがされている場合に保管替えの請求ができないのは、第三債務者の代表者の表示を「A供託所供託官○○」とした差押命令の効力は、B供託所の供託官には及ばないので、保管替えがされてしまうと、差押債権者が権利を行使できなくなってしまうからです。

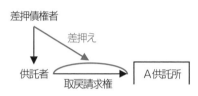

6 審査請求

審査請求：供託官の処分または不作為について、その供託官を監督する法務局または地方法務局の長に不服申立てをすること（供託法1条の4）

簡単にいうと、供託官の上司に文句を言うのが「審査請求」です。

≒不動産登記・商業登記

不動産登記で審査請求をガッツリと学習しました。商業登記と供託にも審査請求の制度があります。不動産登記・商業登記・供託の審査請求の制度は、ほとんど同じです。理由も考え方も同じです。よって、審査請求について問われたら不動産登記の知識（── 不動産登記法Ⅱのテキスト第6編第1章3）で答えてください。

不動産登記・商業登記・供託は、別の制度なのですが、いずれも法務局が扱います。小さい法務局だと、不動産登記部門・法人登記部門・供託部門がワンフロアに横並びということもあります。また、日本は本当に縦割り行政です。不動産登記・商業登記・供託は、同じ法務省が管轄している制度です。以上のような理由から、「不動産登記・商業登記・供託の審査請求の制度は、ほとんど同じなんだな～」とイメージをしておいてください。

― 第 2 編 ―

司法書士法
Judicial Scrivener Law

第1章　司法書士法とは？

これから「司法書士法」という司法書士に関する法律を学習していきます。
司法書士法では、まず司法書士の社会的な使命を規定しています。

司法書士法1条（司法書士の使命）

　　司法書士は、この法律の定めるところによりその業務とする登記、供託、訴訟その他の法律事務の専門家として、国民の権利を擁護し、もつて自由かつ公正な社会の形成に寄与することを使命とする。

　令和元年の改正で明記された使命です。みなさんは「登記、供託、訴訟その他の法律事務の専門家」となり、「国民の権利を擁護し、もつて自由かつ公正な社会の形成に寄与することを使命とする」わけです（司書法1条）。気を引き締めていきましょう。

　司法書士法は、ざっくり言うと、「司法書士として、このルールを守れば、この業務まではできる。しかし、この業務はできない。」ということを規定しています。つまり、司法書士法は、主に以下の2つのことを規定しているといえます。

①司法書士が守るべきルール
②司法書士が行える業務の限界
　②の司法書士が行える業務は、いわゆる「非認定司法書士」と「認定司法書士」（試験では「司法書士法第3条第2項に規定する司法書士」と記載されます）で違いがあります。司法書士試験に合格しただけでは、非認定司法書士になれるだけです。その後、特別研修という研修を受け、認定を受けると（認定考査という試験に合格する必要があります）認定司法書士になれるようになります。認定司法書士になると、簡易裁判所の訴額140万円以下の民事訴訟において当事者の代理人となったりすることができるようになります。

― Realistic 1　合格後に最も意識する法律 ―

　司法書士法は、試験では1問しか出題されませんが、合格後には最も意識する法律です。司法書士法を守らないと懲戒を受けることがあります。そういった当事者意識を持って学習しましょう。そちらのほうが、身が入り、記憶にも残りやすくなります。

---

1 司法書士の業務

1. 業務

　司法書士が行える業務は、以下の表の①～⑧です。これをできるようになるために、今、みなさんは勉強しています。

司法書士の業務	非認定司法書士	認定司法書士
①登記・供託の手続の代理（司書法3条1項1号）	○	○
②法務局・地方法務局へ提出・提供する書類・電磁的記録の作成（司書法3条1項2号）	○	○
③法務局・地方法務局の長に対する登記・供託に関する審査請求の手続の代理（司書法3条1項3号）	○	○
④i　裁判所・検察庁へ提出する書類の作成 　ii　筆界特定手続における法務局・地方法務局に提出・提供する書類・電磁的記録の作成 　　（司書法3条1項4号）	○	○
⑤上記①から④までの業務について相談に応じること（司書法3条1項5号）	○	○
⑥簡易裁判所における一定の手続の代理（司書法3条1項6号） 　訴額140万円以下の民事訴訟において当事者の代理人となったりすること（司書法3条1項6号イ）などが当たります。なお、自ら代理人として手続に関与している事件であれば、上訴の提起（控訴など）もできます（司書法3条1項6号柱書ただし書かっこ書）。	×	○
⑦民事に関する紛争で紛争の目的の価額が140万円を超えないものについて相談に応じること・仲裁事件手続などの代理（司書法3条1項7号）	×	○
⑧筆界特定手続の代理およびその相談に応じること（司書法3条1項8号）	×	○

　非認定司法書士は、①〜⑤の業務しかできません。認定司法書士であれば、⑥〜⑧の業務もできます。
　これらの業務のうち、特別な呼び方をする業務があります。この後みていく条文でも出てきますので、以下の用語が何を指すのかをわかるようにしてください。

・裁判書類作成関係業務　：上記④および⑤（上記④に関する相談に限る）の業務
・簡裁訴訟代理等関係業務：上記⑥〜⑧の業務

※上記①について

　「登記」は、基本的には権利に関する登記ですが、以下の登記など例外的に表示に関する登記でも業務範囲となるものがあります（昭44.5.12民事甲1093）。
・表題部所有者の持分の更正の登記
・表題部所有者の名変登記
・代位による登記
　「供託」についても代理権があります。だから、供託法が試験科目になっており、このテキストで学んだんです。

※上記④のⅰについて

　この「裁判所」には、最高裁判所も含まれます。また、刑事事件も含まれます。よって、最高裁の刑事事件においても、書類作成であれば、司法書士も業務を行えます。実際に最高裁の刑事事件の書類作成を行う司法書士は、ほぼいないでしょうが……。

※上記④のⅱと⑧について

　「筆界特定手続」とは、登記官が行う土地の筆界を特定する手続です（不登法131条〜145条）。

※上記⑦について

　上記⑦の業務範囲内かについて、「司法書士vs弁護士」ともいえる判例があります。
　上記⑦は、「140万円」という制限がありますが、債務整理における裁判外の和解において、これは以下のアとイのどちらの意味でしょうか。

ア　債務の額が140万円以下である必要がある（弁護士側の主張）
イ　債務者が弁済計画の変更によって受ける経済的利益の額が140万円以下であればよい（司法書士側の主張）

アだと、債務の額が 140 万円を超えて
いると、その時点で認定司法書士は依頼
を受けられなくなります。イだと、たと
えば、債務の額が 1000 万円でも、債務整
理によって債務の額が 900 万円になる裁
判外の和解について依頼を受けられます。
経済的利益の額が 100 万円（＝1000 万円
－900 万円）であり、140 万円以下だから
です。

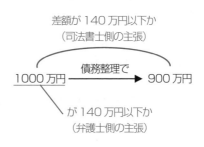

「140 万円」は、アの意味です（最判平 28.6.27）。
弁護士寄りの判決ですが、これは妥当な判決かと思います。経済的利益の額（上記
の例だと 100 万円）は、和解が成立して初めて明らかになり、依頼を受ける前にはわ
かりません。また、経済的利益の額が 140 万円以下であれば認定司法書士が代理でき
るのであれば、認定司法書士が債務の額を 140 万円以下しか減少させない方向に和解
を持っていきかねません。それは、依頼者の方に不利益になります。

ただ、この判決は、司法書士寄りの判断をした部分もあります。140 万円以下かは、
個別の債務ごとに判断します（最判平 28.6.27）。たとえば、アコムに 100 万円、アイ
フルに 100 万円、オリックスに 100 万円の借
金がある場合、総債務額は 300 万円ですが、
個別の債務は 140 万円以下なので、認定司法
書士は依頼を受けることができます。通常、
個別の債務ごとに訴訟や和解をするからです。

紛争性と規制の程度

司法書士の業務のうち、紛争性と司法書士法上の規制の程度は以下のとおりです。

2．依頼の拒否
（1）意義
　司法書士は、正当な事由がある場合でなければ依頼を拒むことができません（司書法 21 条）。「正当な事由がある」とは、たとえば、病気や事故のため業務を遂行することができない場合です。

　ただし、簡裁訴訟代理等関係業務（P128）は、正当な事由がなくても依頼を拒めます（司書法 21 条かっこ書）。

（2）趣旨
　司法書士は、登記や供託については、独占的に行うことができる立場にあり、公共的役割を負っています。司法書士が登記や供託の依頼を自由に拒めるとなると、市民が登記や供託の申請を専門家に依頼することができなくなってしまいます。

　それに対して、簡裁訴訟代理等関係業務は、依頼者との間で継続的で強い信頼関係が必要となります。紛争性の強い業務なので、場合によっては依頼者から訴えられる可能性もあります。そのため、依頼に応じることを強制できないんです。

（3）罰則
　司法書士が簡裁訴訟代理等関係業務以外の依頼を正当な事由なく拒むと、懲戒されたり（業務の停止など。司書法 47 条）、罰金刑（刑事罰）を科されたりします（司書法 75 条 1 項）。厳しいですね……。

（4）依頼を拒否した場合
　司法書士は、簡裁訴訟代理等関係業務を除き、依頼を拒んだ場合、依頼者の請求があるときは、依頼者に理由書を交付しなければなりません（司書規 27 条 1 項）。正当な事由を記載した理由書を交付する必要があるということです。

3．報酬
　司法書士は、依頼をしようとする者に、あらかじめ報酬額の算定の方法など報酬の基準を示さなければなりません（司書規 22 条）。「所有権の移転の登記は 52500 円（課税価格によって変動）、抵当権の抹消の登記は 10000 円」など、事務所ごとに報酬額を定めていますので、それを事前に示す必要があるわけです。やはり報酬については後_{のち}にトラブルになることが多いので、こういった規定があるんです。

司法書士は、依頼者から報酬を受けたときは、報酬額の内訳を詳細に記載または記録した領収証を作成して依頼者に交付し、作成の日から3年間保存する必要があります（司書規29条1項、3項）。この領収証は、電磁的記録（データ）で作成・保存してもOKです（司書規29条2項）。

4．書類の返還の要否
　司法書士が、登記権利者および登記義務者の双方から不動産登記手続の委託を受けた場合に、登記の申請前に登記義務者から登記手続に必要な書類の返還を求められたら、登記義務者に書類の返還をすべきでしょうか。
　「『お客様が返して』とおっしゃるのなら返すべきでは？」と思われるかもしれませんが、登記権利者の同意その他特段の事情がない限り、登記権利者に対する関係では、書類の返還を拒むべき委託契約上の義務があるとされています（最判昭53.7.10）。登記権利者と登記義務者は双方共同で委託しているので、片方だけで委託を撤回できないからです。また、登記義務者に書類を返還すると、不動産の二重譲渡がされるなどの危険性もあります。

5．事件簿
　司法書士は、依頼を受けた事件について事件簿を調製しなければならず、事件簿は閉鎖後7年間保存する必要があります（司書規 30 条）。「7年間」は、懲戒ができる期間（司書法50条の2。P178[5]）に対応しています。

[2]　業務を行い得ない事件

「業務を行い得ない事件」の規定の構造
　業務を行い得ない事件は、この[2]とP162〜167[6]で扱います。いずれも、以下のような規定の構造になっています。

 「過去に○○の業務をした」または「現在○○の業務をしている」

⇩

後行業務 「○○の業務をしてはいけない」

― Realistic 2　現実的な作戦 ―

　業務を行い得ない事件（特に下記1.でみる司法書士法 22 条2項）はよく出題されます。しかし、他の肢から解答を出せるのであれば、他の肢から解答を出してください。業務を行い得ない事件は、規定が複雑なので、判断を誤ったり時間がかかってしまったりすることが多いからです。業務を行い得ない事件の問題は過去 11 回も出題されていますが、他の肢から解答を出せた年度は9/11 回もありました。ただ、よく出題されますし、2/11 回は業務を行い得ない事件についての肢が判断できないと解答を出せなかったので、決して手は抜かないでください。

1．すべての司法書士が業務を行い得ない事件

司法書士法 22 条（業務を行い得ない事件）

1　司法書士は、公務員として職務上取り扱つた事件及び仲裁手続により仲裁人として取り扱つた事件については、その業務を行つてはならない。
2　司法書士は、次に掲げる事件については、第3条第1項第4号及び第5号（同項第4号に関する部分に限る。）に規定する業務（以下「裁判書類作成関係業務」という。）を行つてはならない。
　一　相手方の依頼を受けて第3条第1項第4号に規定する業務を行つた事件
　二　司法書士法人（第3条第1項第1号から第5号までに規定する業務を行うことを目的として、次章の定めるところにより、司法書士が設立した法人をいう。以下同じ。）の社員又は使用人である司法書士としてその業務に従事していた期間内に、当該司法書士法人が相手方の依頼を受けて前号に規定する業務を行つた事件であつて、自らこれに関与したもの
　三　司法書士法人の使用人である場合に、当該司法書士法人が相手方から簡裁訴訟代理等関係業務に関するものとして受任している事件

（1）趣旨

　業務を行うことができないとされるのは、公平性に欠ける可能性がある場合や依頼者またはその相手方の不利益（利益相反）になる可能性がある場合です。

（2）業務を行い得ない事件

①公務員として扱った事件についてのすべての業務（司書法22条1項）

②仲裁手続により仲裁人として扱った事件についてのすべての業務（司書法22条1項）

＊「仲裁」とは、当事者双方が仲裁人という人に判断を任せ、その仲裁人の判断に従う紛争解決手続です。非公開で行われるため、企業秘密を知られたくない企業間の紛争などで使うメリットがあります。

　①②が業務を行い得ないとされるのは、公務員・仲裁人時代に「オレの権限でおまけしてやるから、公務員・仲裁人を辞めたらその事件に関わる仕事をくれ」となってしまう可能性があるからです。

後行業務（禁止される業務）

　上記①②は、「……として扱った事件についてのすべての業務」ですので、登記や供託の手続の代理についても禁止されます。

　それに対して、下記③～⑤は、禁止される業務が裁判書類作成関係業務であり、登記や供託の手続の代理については禁止されません。

　公務員・仲裁人でなかった者については、先行業務も後行業務も、裁判書類作成関係業務・簡裁訴訟代理等関係業務以外についての規制は司法書士法にはありません。これは知っておくと便利なので、必ず押さえましょう。

③相手方から依頼を受けて裁判所・検察庁へ提出する書類の作成等をした事件についての裁判書類作成関係業務（司書法22条2項1号）

ex. XがYを相手方として提起した
　　訴えにおいて、司法書士Aは、X
　　から依頼を受けて訴状を作成し
　　た場合、Yの依頼を受けて、この
　　事件についての答弁書を作成す
　　ることはできません。

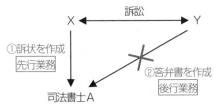

　先行業務が訴状作成ではなく、仮差押命令の申立書の作成など、民事保全手続の書類作成であっても、この③に当たります。先行業務が民事保全手続であっても、同じ事件ではあるからです。

※和解成立後

　ただし、XY間で裁判外で和解契約が成立したときに、訴えの取下げに対する同意書の作成についてYから依頼を受けることはできます。

　和解が成立したため、Yから依頼を受けることがXの不利益になることはないから
です。

④司法書士法人の社員または使用人である司法書士としてその業務に従事していた期間内に、その司法書士法人が相手方の依頼を受けて、裁判所・検察庁へ提出する書類の作成等をした事件であって、自らこれに関与した場合における、その事件についての裁判書類作成関係業務 (司書法22条2項2号)

ex. XがYを相手方として提起した
　　訴えにおいて、司法書士法人Zが
　　Xから依頼を受け、Zの使用人で
　　ある司法書士Aが訴状を作成し
　　た場合、Aは、Yの依頼を受けて、
　　この事件についての答弁書を作
　　成することはできません。Zを退
　　職した後であっても、ダメです。

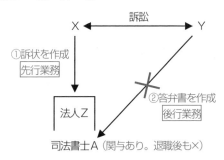

　　「司法書士法人」は、司法書士事
務所が法人化したものです。詳しくは、P153~174で説明します。
　　「社員または使用人である司法書士」ですが、司法書士法人で働いている司法書士
には、社員と使用人がいます。社員は無限責任がありますが、使用人は無限責任がな
く雇われているだけです。

⑤司法書士法人の使用人である場合において、その司法書士法人が相手方から簡裁訴訟代理等関係業務に関するものとして受任している事件がある場合における、その事件についての裁判書類作成関係業務 (司書法22条2項3号)

ex. XがYを相手方として提起し
　　ている訴えにおいて、司法書士
　　法人ZがXから簡裁訴訟代理
　　等関係業務の依頼を受けてい
　　る場合、Zの使用人である司法
　　書士Aは、この事件に関与して
　　いなくても、Yの依頼を受けて、
　　この事件についての答弁書を
　　作成することはできません。

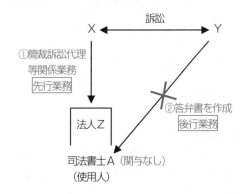

事件に関与していなくても禁止されるのは、勤務先の司法書士法人ZがXから簡裁訴訟代理等関係業務を受任中だからです。勤務先の法人が受任中に相手方のYから依頼を受けたら、法人から圧力がかかる可能性がありますよね。

※⑤に「社員」についての規制がない理由

上記④は「社員」についても規制されていましたが、この⑤は「社員」についての規制はありません。これは、社員だったら受任してよいというわけではありません。社員は、司法書士法人との競業を禁止されているため、この⑤の業務でなくても、そもそも個人受任ができないんです（司書法42条1項。P169～170の1.）。では、なぜ上記④は規制があるかというと、上記④は退職後も含んだ規制だからです。社員も、司法書士法人を退職した後は個人受任ができます。よって、上記④の「社員」についての規制は、退職後についてのものであるということです。

2. 認定司法書士が業務を行い得ない裁判書類作成関係業務事件
（1）趣旨

業務を行うことができないとされるのは、依頼者またはその相手方の不利益（利益相反）になる可能性がある場合です。

（2）業務を行い得ない事件

先行業務

この2.は認定司法書士に対する規制であるため、下記①～⑥は、先行業務はすべて簡裁訴訟代理等関係業務です。先行業務が裁判書類作成関係業務である場合の規制は、P133～134③、P134④です。

後行業務（禁止される業務）

下記①～⑥で禁止されるのは、すべて裁判書類作成関係業務です。

このように、先行業務も後行業務も、登記や供託手続の代理についての規制ではありません。公務員・仲裁人でなかった者については、先行業務も後行業務も、裁判書類作成関係業務・簡裁訴訟代理等関係業務以外についての規制は司法書士法にはないからです（P133の「後行業務（禁止される業務）」）。

①簡裁訴訟代理等関係業務に関するものとして、相手方の協議を受けて賛助またはその依頼を承諾した事件（司書法22条3項1号）

　相手方からの「依頼を承諾した」ら、もちろん、裁判書類作成関係業務を行えません。しかし、それだけでなく、相手方に「賛助」しただけでも、裁判書類作成関係業務を行えません。賛助とは、相談者の利益を保護するための具体的な見解を示すことなどです。

ex. Xがサラ金業者Yを相手方
　　として提起する訴えにおい
　　て、認定司法書士Aは、Xか
　　ら協議を受けて過払い金の
　　取戻し方を具体的にアドバ
　　イスした場合、Xから依頼を

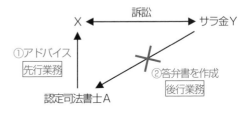

　　受けていなくても、Yから依頼を受けて、この事件についての答弁書を作成することはできません。

　それに対して、単に法律の規定を説明したりしただけなら、賛助には当たりません。

ex. 法定相続分の説明をしただけなら、賛助には当たりません。

②簡裁訴訟代理等関係業務に関するものとして相手方の協議を受けた事件で、その協議の程度および方法が信頼関係に基づくと認められるもの（司書法22条3項2号）

　依頼を受けたわけではなく、協議を受けただけです。ただ、その協議が、協議の内容、回数、時間、場所などを考慮して、依頼を承諾したのと同じくらいの信頼関係が築かれたと判断できると、裁判書類作成関係業務を行えなくなります。

ex. XがYを相手方として提起する
　　訴えにおいて、認定司法書士Aは、
　　Xが何度もAの事務所に来てこ
　　の事件について協議を重ねた場
　　合、Xから依頼を受けていなくて
　　も、Yの依頼を受けて、この事件
　　についての答弁書を作成するこ
　　とはできないと解されます。

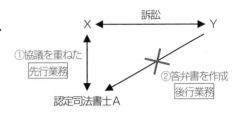

　それに対して、自治体が主催する無料法律相談で1回だけ相談を受けただけといった場合であれば、裁判書類作成関係業務を行えると解されます。

③簡裁訴訟代理等関係業務に関するものとして受任している事件の相手方からの依頼による他の事件（司書法22条3項3号）

ex. XがYを相手方として
　　提起している訴えにお
　　いて、認定司法書士Aは、
　　Xから簡裁訴訟代理等
　　関係業務を受任してい
　　る場合、Yの依頼を受け
　　て、WがYを相手方とし

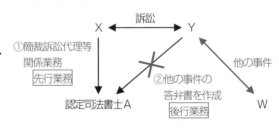

て提起している事件についての答弁書を作成することはできません。

　ただし、受任している事件の依頼者であるXが同意した場合は、裁判書類作成関係業務を行うことができます（司書法22条3項柱書ただし書）。

　この③は、"他の事件"であるため、XとAとの間の利益相反そのものとはいえないので、Xの同意によって業務の禁止を解除できるんです。

①〜③ → ④〜⑥

　ここまで①〜③と3つみてきました。あと3つあります。「あと3つもあるのか……」と思われるかもしれませんが、④〜⑥は①〜③の先行業務を行ったのが司法書士法人に変わっただけです（その認定司法書士が先行業務に関与している場合です）。「①→④」「②→⑤」「③→⑥」という対応関係になります。

④司法書士法人の社員または使用人である司法書士としてその業務に従事していた期間内に、その司法書士法人が、簡裁訴訟代理等関係業務に関するものとして、相手方の協議を受けて賛助しまたはその依頼を承諾した事件であって、自らこれに関与したもの（司書法22条3項4号）

⑤司法書士法人の社員または使用人である司法書士としてその業務に従事していた期間内に、その司法書士法人が簡裁訴訟代理等関係業務に関するものとして相手方の協議を受けた事件で、その協議の程度および方法が信頼関係に基づくと認められるものであって、自らこれに関与したもの（司書法22条3項5号）

⑥司法書士法人の使用人である場合に、その司法書士法人が簡裁訴訟代理等関係業務に関するものとして受任している事件（その認定司法書士が自ら関与しているものに限る）の相手方からの依頼による他の事件（司書法22条3項6号）

ただし、やはり司法書士法人が受任している事件の依頼者が同意した場合は、裁判書類作成関係業務を行うことができます（司書法22条3項柱書ただし書）。

3. 認定司法書士が業務を行い得ない簡裁訴訟代理等関係業務事件

上記1.と2.で禁止される業務（後行業務）は、いずれも裁判書類作成関係業務でした（P133の「後行業務（禁止される業務）」、P135の「後行業務（禁止される業務）」。P133①②を除きます）。そこで、「後行業務が簡裁訴訟代理等関係業務だったら禁止されないの？」と疑問に思われたかもしれません。裁判書類作成関係業務よりも簡裁訴訟代理等関係業務のほうが紛争性が強いので（P129の「紛争性と規制の程度」）、もちろん、P133③〜P134⑤とP136①〜P138⑥の事件については、簡裁訴訟代理等関係業務についても禁止されています。それを規定したのが、以下の条文です。

司法書士法22条（業務を行い得ない事件）

4 第3条第2項に規定する司法書士〔認定司法書士〕は、第2項各号〔P133③〜P134⑤〕及び前項各号〔P136①〜P138⑥〕に掲げる事件については、簡裁訴訟代理等関係業務を行つてはならない。この場合においては、同項ただし書の規定を準用する。

---

3 事務所

司法書士は事務所を設けなければなりません（司書法20条）。フリーランスの方に多い、「オフィスのない働き方！その日に行くカフェがオフィス！」というのはダメなわけです。

事務所は、司法書士法人でなければ、2以上設けることはできません（司書規19条）。2以上の事務所を設けると、司法書士の存在しない事務所ができてしまうかもしれないからです。よって、土地家屋調査士を兼業している司法書士（多いです）が、土地家屋調査士の事務所を司法書士事務所とは別に設けた場合、土地家屋調査士の事務所では司法書士の業務を行うことはできません（昭32.5.30民事甲1042）。土地家屋調査士の事務所で司法書士の業務を行うと、2以上の事務所を設けたことになってしまうからです。

事務所には、司法書士会の会則の定めるところにより、司法書士の事務所である旨の表示をしなければなりません（司書規20条1項）。看板を出したりしないといけないってことです。

会則の遵守義務

P145～146 の 1.で詳しく説明しますが、司法書士になるには、日本司法書士会連合会に備える名簿に登録をし、事務所を設ける地の司法書士会（ex. 神奈川県司法書士会）に入会しないといけません。日本司法書士会連合会は、東京の四谷（上智大学がある地域）にあります。日弁連（日本弁護士連合会）というのをニュースなどで聞いたことはないでしょうか。日弁連の司法書士バージョンが日本司法書士会連合会です。司法書士会は、原則として各都道府県に1つあります。

司法書士および司法書士法人は、この日本司法書士会連合会と所属する司法書士会の会則を守らなければなりません（司書法23条、46条1項）。司法書士会の会則は会ごとに少し異なるので、都道府県によって許されることと許されないことの違いが少しあるわけです。

5 秘密保持義務

司法書士法24条（秘密保持の義務）
司法書士又は司法書士であつた者は、正当な事由がある場合でなければ、業務上取り扱つた事件について知ることのできた秘密を他に漏らしてはならない。

1. 意義
（1）原則
司法書士または司法書士であった者は、業務上取り扱った事件について知ることのできた秘密を他に漏らしてはなりません（司書法24条）。これを「秘密保持義務」といいます。高度な倫理観を求められる専門職ですから、当たり前ですね。依頼者のための規定です。

（2）例外
ただし、正当な事由があれば、他に漏らすことが許されます。この「正当な事由」は、以下の①～③の場合が当たります。

①依頼者が公表を承諾した場合
依頼者のための規定なので、依頼者が公表を承諾すれば公表しても構わないんです。

②犯罪捜査の必要により司法警察職員（ex. 警察官）が司法書士の事件簿の閲覧を求めた場合（昭31.10.18民事甲2419）

　警察官などが捜査のために閲覧を求めているわけですから、許されるのは当然でしょう。

③刑事訴訟において証言する場合

　医師、弁護士などは、刑事訴訟において証言拒絶権が認められています（刑事訴訟法149条）。それに対して、司法書士は証言拒絶権が認められていません。そのため、刑事訴訟において証言を求められたら、話していい（話さないといけない）ということになります。

cf. 民事訴訟

　民事訴訟で証言することは、秘密保持義務に違反します（正当な事由になりません）。実は、民事訴訟法でも司法書士の証言拒絶権は明記されていないのですが（民訴法197条1項）、民事訴訟においては証言を拒否できると解されているからです。そのため、民事訴訟において証言を求められても、話してはいけないということになります。

2. 罰則

　司法書士が正当な事由なく業務上取り扱った事件について知ることのできた秘密を他に漏らした場合、6か月以下の懲役（＊）または50万円以下の罰金に処せられます（司書法76条1項）。高度な倫理観を求められる専門職ですから、罰則も厳しいですね。

　ただ、この罪は告訴がなければ公訴を提起することができない親告罪です（司書法76条2項）。依頼者のための規定なので、依頼者が司法書士の刑罰を望まない限りは刑に処せられることはないんです。

＊令和4年6月の改正により、懲役刑と禁錮刑は拘禁刑に一本化されることになりました。この改正は、令和7年6月1日に施行されます。

6 補助者

> **司法書士法施行規則 25 条（補助者）**
> 1　司法書士は、その業務の補助をさせるため補助者を置くことができる。

1．意義

補助者：司法書士に雇われている事務員

司法書士のみしかいない事務所もありますが、たいていの事務所は事務員を雇っています。司法書士事務所の事務員のことを「補助者」といいます。補助者の方が行っているのは、申請書の作成、申請書の提出など、司法書士の業務の補助がメインです。ただ、業務の補助をさせるために雇用する者であれば補助業務の内容や補助の程度は問わないので（昭 43.12.26 民事甲 3661）、清書の業務にのみ従事する事務員も補助者です。

補助者の人数に制限はありませんので、極端なハナシ、「司法書士 1 人・補助者 20 人」の事務所構成も OK です。ただ、司法書士は、病気などで自ら業務をすることができない場合であっても、補助者に全面的にその業務を取り扱わせることはできません（司書規 24 条）。これを許してしまうと、専門知識を有する者の独占業務とした資格制度が崩れてしまいます。

2．資格

司法書士だと、補助者になることができません。しかし、司法書士試験に合格したのみで、司法書士登録をしていない者は司法書士ではないので（P143）、補助者になることができます。司法書士試験の合格後に事務所に就職すると、まずは司法書士登録はせず、補助者として勤務するのが一般的です。いきなり司法書士の仕事を任せられないからです。私も、合格後に事務所に就職した際は、補助者として勤務しました。

3．複数の司法書士による雇用

（1）原則

1 人の補助者を複数の司法書士が共同で使用することは、原則としてできません。補助者が行った業務の責任は雇用している司法書士が取りますが、複数の司法書士が共同で使用すると、この責任関係が不明確になるからです。

（2）例外

　ただし、複数の司法書士が合同事務所を設け、それぞれが1人の補助者を使用する場合は、それぞれの司法書士が補助業務についてその補助者を直接掌握でき、かつ、補助者に対する監督責任が明確にされるのならば、認められます（昭45.2.18民事甲577）。合同事務所は、「司法書士2人・補助者1人」という体制の事務所もあります。こういった事務所も、責任が明確になっているのであればOKということです。

4.　手続

①司法書士は、補助者を置いたときまたは置かなくなったときは、遅滞なく、その旨を所属の司法書士会に届け出なければなりません（司書規25条2項）。

　補助者を置いたことを届け出ると、補助者証というものが交付されます。補助者証は、その司法書士の補助者である旨の証明書であり、登記所で登記識別情報を受領したり、市役所で戸籍などを取得するときなどに提示を求められることがあります。

　↓

②司法書士会は、司法書士から補助者を置いたまたは置かなくなった旨の届出を受けたときは、その旨をその司法書士会の事務所の所在地を管轄する法務局または地方法務局の長に通知しなければなりません（司書規25条3項）。

　実は、司法書士試験に受かっただけでは、司法書士にはなりません。事務所を設ける地の司法書士会（ex. 神奈川県司法書士会）に入会し、日本司法書士会連合会に備える名簿に登録をして初めて司法書士になります。医師の医師会のように、加入するのが任意ではないんです。

1 欠格事由

　司法書士になれない欠格事由があります。みなさんのほとんどは大丈夫だと思いますが、「自分は大丈夫か？」という視点で（当事者意識を持って）学習しましょう。そちらのほうが、記憶に残ります。以下の①〜⑥の者は、司法書士となる資格を有しません。

視点

・原則として会社法の取締役・監査役・執行役の欠格事由（会社法331条1項）よりも厳しいです。── 会社法・商法・商業登記法Ⅰのテキスト第3編第3章第5節③1.（1）
・司法書士法は「3年」が好き

①禁錮（＊）以上の刑に処せられ、その執行を終わりまたは執行を受けることがなくなってから3年を経過しない者（司書法5条1号）

　刑罰は重い順に死刑、懲役、禁錮（＊）、罰金、拘留、科料とありますが（刑法9条、10条1項）、懲役や禁錮（＊）に処せられると、執行を終わりまたは執行を受けることがなくなってから3年を経過していないと、司法書士になれません。

　「刑に処せられ」たには、執行猶予中の者も含みます。ただ、執行猶予期間が経過すれば、欠格事由には該当しなくなります。執行猶予は、執行猶予期間が経過すると、刑の言渡しの効力が失われるからです（刑法27条）。

　「執行を終わ」ったとは、刑務所から出た場合などのことです。

　「執行を受けることがなくなっ」たとは、刑の時効が完成した場合などのことですが、この「刑の時効」とは、有名な「○年逃げきれば、捕まらなくなる」のハナシ（刑事訴訟法の公訴時効）ではありません。刑の言渡しが確定した後、一定期間執行を受けなかった場合に、執行（刑務所に入ることなど）が免除されることです（刑法31条、32条）。

＊令和4年6月の改正により、懲役刑と禁錮刑は拘禁刑に一本化されることになりました。この改正は、令和7年6月1日に施行されます。

②未成年者 (司書法5条2号)
③破産手続開始の決定を受けて復権を得ない者 (司書法5条3号)

　司法書士は、不動産の登記など依頼者の重要な権利を保護する業務を行います。よって、判断能力が不十分とされる未成年者や財産の管理処分権を失った破産者は司法書士になれません。未成年者である受験生の方もいると思いますが、試験は未成年者でも合格できますので、司法書士になるのは合格後、少し待ちましょう。破産者は、復権すれば司法書士になれます (破産法255条)。通常は、破産手続開始の決定から数か月で復権します。

※成年被後見人・被保佐人

　成年被後見人・被保佐人であることは、かつては、司法書士の欠格事由でした。しかし、令和元年の改正によって欠格事由でなくなりました。

　成年被後見人・被保佐人の人権を尊重するため、令和元年の改正で、多くの法令の成年被後見人・被保佐人についての欠格条項が削除され、成年被後見人・被保佐人は多くの職業に就けるようになりました。司法書士にもなれるようになったんです。

④公務員であって懲戒免職の処分を受け、その処分の日から3年を経過しない者 (司書法5条4号)

⑤司法書士に対する懲戒の規定 (司書法47条) により業務の禁止の処分を受け、その処分の日から3年を経過しない者 (司書法5条5号)

　業務の"禁止"の処分ですから、すぐに司法書士になれたら意味がありません。そこで、処分の日から3年は司法書士になれないとされています。

⑥懲戒処分により、公認会計士の登録を抹消され、または土地家屋調査士、弁理士、税理士もしくは行政書士の業務を禁止され、これらの処分の日から3年を経過しない者 (司書法5条6号)

　兼業している確率が高い資格者として処分を受けた場合は、司法書士となるのにふさわしくないため、登録の抹消や業務の禁止の処分をされてから3年は司法書士になれないとされています。兼業している確率が高い資格者なので、弁護士は入っていません。これらの資格者は、ふりがなをふっているところを取って、「勉強せんとこうなる」と記憶しましょう。

> **司法書士法9条（登録の申請）**
> 1 　前条第1項の登録〔日本司法書士会連合会に備える名簿への登録〕を受けようとする者は、その事務所を設けようとする地を管轄する法務局又は地方法務局の管轄区域内に設立された司法書士会を経由して、日本司法書士会連合会に登録申請書を提出しなければならない。
>
> **司法書士法57条（司法書士の入会及び退会）**
> 1 　第9条第1項の規定による登録の申請又は第13条第1項の変更〔所属する司法書士会の変更〕の登録の申請をする者は、その申請と同時に、申請を経由すべき司法書士会に入会する手続をとらなければならない。

1．手続

　司法書士になろうとする者は、日本司法書士会連合会に備える名簿に登録をして初めて司法書士になります。この登録をする際、事務所を設ける地の司法書士会（ex. 神奈川県司法書士会）に入会する必要もあります。この登録と入会は、以下のように行います。

①事務所を設けようとする地を管轄する法務局または地方法務局の管轄区域内に設立された司法書士会（ex. 神奈川県内に事務所を設けるのなら神奈川県司法書士会）を経由して、日本司法書士会連合会に登録申請書を提出します（司書法9条1項）。

　司法書士会を経由して登録申請書を提出するのは、司法書士会に登録の拒否事由（下記2.）があるかどうかを調査させるためです。

　この登録申請書には、司法書士となる資格を有することを証する書類（ex. 合格証書）、本籍の記載された住民票の写しなどを添付する必要があります（司書法9条2項、司書規16条2項）。また、登録免許税（金3万円）を納付する必要があります（登免法別表第1.32.（5）イ）。

②上記①の司法書士名簿への登録の申請をする者は、申請と同時に、申請を経由すべき司法書士会に入会する手続をとらなければなりません（司書法57条1項）。

　司法書士会に入会する必要があるのは、司法書士会も司法書士の指導を行うからです。また、司法書士には、司法書士会の会則の遵守義務もありました（司書法23条。P139 4）。

　そして、この手続をとった者は、登録の時に司法書士会の会員となります（司書法57条2項）。

日本司法書士会連合会への提出は司法書士会を経由

　上記①のように、日本司法書士会連合会に何かを提出するときは、司法書士会を経由して提出するのが司法書士法の原則です。

2. 登録の拒否

　日本司法書士会連合会は、上記1.の登録の申請がされても、以下の①〜④のいずれかの事由がある場合には、登録を拒否します。

①登録の申請をした者が司法書士となる資格を有しないとき（司書法 10 条 1 項柱書前段）

　これは当たり前ですね。もちろん、P143〜144 1 の欠格事由がある者も、登録は拒否されます。

　なお、「司法書士となる資格」とは、司法書士試験の合格（司書法4条1号）だけではありません。裁判所書記官や法務事務官（ex. 登記官）などに 10 年以上従事した者などは、法務大臣の認定を受けると司法書士となる資格を有する者となります（司書法4条2号）。いわゆる「特認」と呼ばれる人です。実際には、退官する 60 代の登記官などがこの認定を受けることが多いです。私の同期にもおり、一緒に研修を受けましたね。

②上記1.②の事務所を設けようとする地の司法書士会への入会の手続をとらないとき（司書法 10 条 1 項 1 号）

　これも当たり前ですね。登録時には、司法書士会への入会の義務もあります。

③心身の故障により司法書士の業務を行うことができないとき（司書法 10 条 1 項 2 号）

ex. 成年被後見人と被保佐人は司法書士になれるとされましたが（P144※）、病状によってはこの③に当たり、登録が拒否される可能性もあります。

④司法書士の信用または品位を害するおそれがあるときその他司法書士の職責に照らし司法書士としての適格性を欠くとき（司書法10条1項3号）

ex. 刑事事件の公判中である者が当たります。

　日本司法書士会連合会が上記①〜④の事由によって登録を拒否するとき、申請者にあらかじめ弁明の機会を与えたうえで登録審査会の議決に基づいて拒否しなければならない場合があります。「登録審査会」とは、日本司法書士会連合会に置かれている機関で（司書法67条1項）、日本司法書士会連合会の会長と委員4人で組織されます（司書法67条3項）。これらの要否は、以下の表のとおりです。

拒否事由	弁明の機会の付与	登録審査会の議決
①司法書士となる資格を有しない	**不要** 拒否事由が明確なので、弁明の機会を与えず、登録審査会の議決もなく拒否してしまって問題ないからです。	
②司法書士会への入会の手続をとらない		
③心身の故障により業務を行えない	**必要** （司書法10条1項柱書後段、10条2項） 条文に具体的な事由が規定されていないので、判断に裁量が入ります。よって、手続の適正を確保する必要があるんです。	
④適格性を欠く		

3．登録に関する通知

　日本司法書士会連合会は、司法書士名簿への登録の申請を受けた場合、申請者に対し、以下の事項を書面により通知します（司書法11条）。

①登録をしたとき
　→　登録をした旨
②登録を拒否したとき
　→　登録を拒否した旨およびその理由

　登録を拒否された者は、審査請求ができるので（下記4．（1））、理由も通知する必要があるんです。

4．審査請求

（1）意義

　登録の申請をした者は、以下の①または②の場合には、法務大臣に対して審査請求ができます。

①登録が拒否された場合（司書法 12 条 1 項）
②登録の申請をした日から 3 か月を経過しても何らの処分もなされない場合（司書法 12 条 2 項）
　3 か月も放置されるのは①の登録が拒否された場合と同等なので、審査請求ができるんです。

（2）手続

（a）審査庁

　審査請求の審査庁は、法務大臣です（司書法 12 条）。
　登録事務は、本質的に行政事務です。よって、行政を司る内閣の法務大臣が審査をするのです。

（b）請求期間

　審査請求は、原則として、処分があったことを知った日の翌日から起算して 3 か月以内にする必要があります（行服法 18 条 1 項）。

（c）法務大臣の処分

　法務大臣は審査請求に理由があると認めるときは、日本司法書士会連合会に対して相当の処分をすべき旨を命じます（司書法 12 条 3 項、行服法 46 条 2 項）。「相当の処分」とは、登録をする旨の処分です。

※上記 3.および 4.の規定は、下記 3 の所属する司法書士会の変更に準用されています（司書法 13 条 4 項）。所属する司法書士会の変更を申請したが、拒否された場合および申請をした日から 3 か月を経過しても何らの処分もなされない場合、審査請求をすることができます。
※上記 4.の規定は、（1）②の規定を除き、下記 5 の登録の取消しに準用されています（司書法 17 条）。登録を取り消された者は、審査請求をすることができます。

5. 登録事項

　司法書士名簿には、以下の①〜⑨の事項が記録されます。

①氏名（司書規 15 条 2 項 1 号）

②生年月日（司書規 15 条 2 項 1 号）

③本籍（外国人だと国籍など。司書規 15 条 2 項 1 号）

　外国人も司法書士になれます。中国人、韓国人の方など、司法書士として活躍している外国人の方も多いです。

④住所（司書規 15 条 2 項 1 号）

⑤男女の別（司書規 15 条 2 項 1 号）

⑥司法書士となる資格の取得の事由および年月日ならびに登録番号（司書規 15 条 2 項 2 号）

⑦認定司法書士は、その旨、認定年月日および認定番号（司書規 15 条 2 項 3 号）

⑧事務所の所在地（司書規 15 条 2 項 4 号）

⑨所属する司法書士会（司書規 15 条 2 項 4 号）

3 　所属する司法書士会の変更

　神奈川に事務所を設けていたが、東京の不動産会社や銀行との付き合いが増えてきたので、事務所を東京に移転する、といったことがあります。司法書士は、事務所のある地の司法書士会の会員となるため（司書法 57 条 1 項）、事務所を神奈川から東京に移転した場合は、神奈川県司法書士会を退会し、東京司法書士会に入会することになります。これが「所属する司法書士会の変更」です。以下、事務所を神奈川から東京に移転した場合の例で説明します。

　司法書士は、他の法務局または地方法務局の管轄区域内に事務所を移転しようとするときは、以下の①〜③の手続をとらなければなりません。

①移転先の司法書士会（東京司法書士会）を経由して、日本司法書士会連合会に、所属する司法書士会の変更の登録の申請（司書法13条1項）

　所属する司法書士会は登録事項ですので（P149⑨）、日本司法書士会連合会への登録事項の変更の申請が必要となるんです。やはり日本司法書士会連合会への申請は、司法書士会を経由します（P146の「日本司法書士会連合会への提出は司法書士会を経由」）。

※このとき、司法書士となる資格を有することを証する書類（ex. 合格証書）の添付は不要です。最初の登録の際に確認しているからです。

②上記①と同時に、移転先の司法書士会（東京司法書士会）に入会する手続（司書法57条1項）

③現に所属する司法書士会（神奈川司法書士会）に、①の申請をした旨の届出（司書法13条2項）

4 登録事項の変更

　所属する司法書士会の変更は、上記3の方法によります。司法書士会が2つ絡むので、特別な手続によるんです。それに対して、その他の登録事項（P149の5.）に変更が生じた場合は、司法書士は、遅滞なく、所属する司法書士会を経由して日本司法書士会連合会にその旨を届け出る方法によります（司書法14条）。ここでもやはり日本司法書士会連合会への申請は、司法書士会を経由します（P146の「日本司法書士会連合会への提出は司法書士会を経由」）。

ex. 神奈川に事務所を設けている司法書士Aが婚姻し氏名が変わった場合、神奈川県司法書士会を経由して日本司法書士会連合会に氏名の変更を届け出る必要があります。

5 登録の取消し

1．取消事由

　司法書士の登録の取消しには、日本司法書士会連合会の裁量の入らない必要的取消事由（下記（1））と裁量の入る任意的取消事由（下記（2））とがあります。いずれも、取消しを行うのは、日本司法書士会連合会です（司書法15条1項柱書、16条1項柱書）。登録は日本司法書士会連合会が行うからです。

（1）必要的取消事由

　司法書士が以下の①～④のいずれかに該当した場合、日本司法書士会連合会は、その司法書士の登録を取り消さなければなりません。

①業務を廃止したとき（司書法15条1項1号）
②死亡したとき（司書法15条1項2号）
③司法書士となる資格を有しないことが判明したとき（司書法15条1項3号）
④P143①～P144⑥の欠格事由（P144②を除きます）のいずれかに該当するに至ったとき（司書法15条1項4号）

　いずれも、明確な事由ですので、必要的取消事由とされています。

　司法書士が、上記①～④のいずれかに該当した場合、司法書士、司法書士の法定代理人または司法書士の相続人は、遅滞なく、その司法書士が所属しまたは所属していた司法書士会を経由して、日本司法書士会連合会にその旨を届け出なければなりません（司書法15条2項）。ここでもやはり日本司法書士会連合会への届出は、司法書士会を経由します（P146の「日本司法書士会連合会への提出は司法書士会を経由」）。
　なお、上記①の業務の廃止の場合には、いつでも再度の登録の申請をすることができます。たとえば、出産・育児のためにいったん業務の廃止をしたが、子供がある程度の年齢になったので再度登録の申請をするといったことがあります。

（2）任意的取消事由

　司法書士が以下の①または②のいずれかに該当した場合、日本司法書士会連合会は、その司法書士の登録を取り消すことができます。

①引き続き2年以上業務を行わないとき（司書法16条1項1号）
②心身の故障により業務を行うことができないとき（司書法16条1項2号）

　明確な事由ではないので、任意的取消事由とされています。

　司法書士が精神の機能の障害を有する状態となり司法書士の業務の継続が著しく困難となった場合または2年以上の休養を要することとなった場合には、心身の故障により業務を行うことができないおそれがあるため、司法書士またはその法定代理人もしくは同居の親族は、遅滞なく、その司法書士が所属する司法書士会を経由して、日本司法書士会連合会にその旨を届け出る必要があります（司書法16条2項、司書規18条の2第1項）。

　これは、令和元年の改正により、成年被後見人・被保佐人が司法書士の欠格事由でなくなったこと（P144※）に伴い、設けられた規定です。成年被後見人・被保佐人が司法書士になった場合でも、病状悪化により業務を行うことができなくなることがあります。その場合は、届け出る必要があるとされたのです。ここでもやはり日本司法書士会連合会への届出は、司法書士会を経由します（P146の「日本司法書士会連合会への提出は司法書士会を経由」）。

　上記①または②に基づいて登録の取消しをするには、登録審査会の議決に基づいてしなければなりません（司書法16条4項、10条1項柱書後段）。明確な事由ではないので、判断に裁量が入ります。よって、手続の適正を確保する必要があるのです。
　そして、登録の取消しをしたときは、その旨と理由をその司法書士に書面で通知しなければなりません（司書法16条3項）。登録の取消しの処分に対しては、審査請求をすることができるからです（司書法17条前段、12条1項。P148※）。

2．登録取消後の処理
　日本司法書士会連合会は、司法書士の登録を取り消したときはその旨を、遅滞なく、その司法書士の事務所の所在地を管轄する法務局または地方法務局の長に通知します（司書規18条1項）。法務局または地方法務局は、管轄内の司法書士を把握しておく必要があるからです。
　登録を取り消された司法書士は、司法書士の業務を行えなくなります（司書法73条1項本文）。これは当たり前ですね。

第**4**章　司法書士法人

第1節　司法書士法人とは？

　司法書士法人：司法書士が設立した法人。司法書士事務所が法人化したもの（司書
　　　　　　　　法22条2項2号かっこ書）。

　司法書士が開業するには、かつては、個人事業主という形しか認められていません
でした。しかし、司法書士も組織を作り、法人として金融機関と提携をしたりするこ
とが求められるようになりました。そこで、平成15年から、司法書士も法人を作れ
るようになりました。今では、（まだそこまで多くはありませんが）金融機関のほう
から「先生の事務所、法人化してくれませんか？今後、個人事務所にお願いするのが
難しくなる可能性もあります……。」などと言われることもあります。

― Realistic 3　法人化するメリット ―

　事務所を法人化すると、以下のようなメリットがあります。
・法人の名で代理申請を行うことができるので、勤務司法書士が登記識別情報を受け取りやす
　いといったメリットがあります。
　個人事務所だと、所長である司法書士の名前で登記申請をします。補助者だと補助者証
　（P142の4.）を持参すれば登記識別情報を問題なく受け取れますが、勤務司法書士だと受
　け取るのが少し大変になることもあります。
・節税対策がしやすくなる
　個人事業主よりも、できる節税の選択肢が増えます。

　司法書士法人は、令和元年の改正で、作りやすくなりました。かつては、無限責任
を負う社員が2人以上必要でした。社員は、従業員ではなく、司法書士法人の経営者
です。無限責任ですので、司法書士法人が億単位の債務を抱えた場合には、社員は億
単位の債務を負わされる可能性もあります。「司法書士法人を作ろう」と考えた者は、
無限責任でも構わないと考えますが、もう1人無限責任でも構わないという人を探す
のは大変でした。また、親子2人とも司法書士であり司法書士法人の社員となってい
たが、親が亡くなり、社員となってくれる人が見つからないため、解散せざるを得な
いといった司法書士法人もありました。そこで、令和元年の改正で、社員1人で司法
書士法人を作れるようになりました（司書法32条1項参照）。弁護士法人や社会保険
労務士法人も社員1人で作れるので、これが時代の流れでもあります。

第2節　設立

1 設立者

> **司法書士法 26 条（設立）**
> 司法書士は、この章の定めるところにより、司法書士法人を設立することができる。

　司法書士しか、司法書士法人を設立できません（司書法 26 条）。司法書士となる資格を有する者であっても、司法書士の登録をして司法書士とならなければ、司法書士法人を設立できません。

　これは、当たり前ですね。司法書士法人は、司法書士の業務を行います。司法書士でない者が司法書士法人を作れたら、司法書士でない者が司法書士の業務を行う事態（司書法 73 条 1 項本文）になってしまいます。

2 社員

1．社員とは？

　司法書士法人には、「社員」という者がいます。社員は無限責任を負う者で、司法書士法人の経営者です。

2．資格

（1）資格者

　司法書士法人の社員は、司法書士でなければなりません（司書法 28 条 1 項）。司法書士でない者が司法書士法人の経営者となり、司法書士の業務を指揮する事態を防ぐ必要があるからです。

（2）欠格事由

　司法書士であっても、司法書士法人の社員となれない者がいます。以下の①～③の者です。

①司法書士個人として業務の停止の処分を受け、業務の停止の期間を経過しない者（司書法 28 条 2 項 1 号）

　業務の停止の期間中は業務ができないので、司法書士法人の社員にもなれないんです。

※業務の禁止の場合は含まれていません。業務の禁止の処分を受けた場合、欠格事由
に該当し（司書法5条5号。P144⑤）、登録が取り消され（司書法15条1項4号。
P151④）、そもそも司法書士ではなくなってしまうからです。

②司法書士法人が以下の処分を受け、その処分の日以前30日内にその社員であった者であり、以下の期間が経過しない者（司書法28条2項2号）

司法書士法人の受けた処分		期間
解散	→	3年
業務の全部の停止	→	その停止の期間

　懲戒を受けるような司法書士法人の社員であった者が、すぐに他の司法書士法人の
社員になったり新たな司法書士法人を作ったりするのはダメということです。こうい
うことをする司法書士もいるんです。金儲けに走って、司法書士の業務範囲外のこと
を行って懲戒を受け、すぐに別の司法書士法人を作ってまた同じことを繰り返そうと
します。こういう司法書士は嗅覚が鋭いので、懲戒処分を事前に察知して懲戒処分の
直前で司法書士法人を脱退することがあります。そういった目論見を防ぐため、「処
分の日以前30日内にその社員であった者」も司法書士法人の社員となれないとされ
ています。
※司法書士法人が業務の一部の停止の処分を受けたにすぎない場合は、社員の欠格事
　由とはされていません。

③司法書士会の会員でない司法書士（司書法28条2項3号）

　「司法書士会の会員でない司法書士」とは、何でしょうか。ちょっとややこしいハ
ナシです。
　司法書士登録をするときは、必ず司法書士会（ex. 神奈川県司法書士会）にも入会
します。よって、最初から司法書士会に入会していない司法書士会の会員でない司法
書士はいません。
　しかし、登録後、司法書士会を脱退すると、もちろん業務を行うことはできなくな
るのですが（司書法73条1項本文）、登録は残ってしまいます。そして、「司法書士」
の定義は、日本司法書士会連合会に備えられている司法書士名簿に登録されている者
です（司書法8条1項）。よって、登録後、司法書士会を脱退した者も、「司法書士」
ではあるんです。法律の穴のようなハナシですが……。しかし、業務を行えない司法
書士が司法書士法人の社員となるのはマズイので、この③の規定があるわけです。

3　設立の手続

会社法・商業登記法と同等 or 厳しい

　司法書士法人についての規定は、会社法・商業登記法で学習した規定と類似するものが多いです。司法書士法人についての規定は、会社法・商業登記法で学習した規定と同等またはそれよりも厳しい規制となっています。司法書士法人は、高度な責任を求められる専門職である司法書士が作る法人であるからです。

【手続の大枠】

　まずは設立の手続の大枠をみましょう。

司法書士法人
Step1　定款の作成（下記1.）
↓
Step2　社員の出資（下記2.）
↓
Step3　設立の登記（下記3.）

1．定款の作成（Step1）

（1）作成

　定款は、社員になろうとする司法書士が作成します（司書法32条1項）。

（2）記載事項

　司法書士法人の定款の記載事項にも、株式会社と同じく、以下の3種類があります。

・絶対的記載事項：マスト（書かないと定款自体が無効となります）
・相対的記載事項：あるならマスト（あるなら書かないと、その事項が無効となります）
・任意的記載事項：書きたきゃ書けば（書かなくても問題ありません）

　司法書士法人の定款の記載事項は、絶対的記載事項を押さえてください。司法書士法人の定款の絶対的記載事項は、以下の表の①〜⑤の事項です。

絶対的記載事項：定款に必ず書かなければならない事項（司書法32条3項）

①**目的**（司書法32条3項1号）

②**名称**（司書法32条3項2号）

③**主たる事務所および従たる事務所の所在地**（司書法32条3項3号）

　会社ではないので、「本店」「支店」とはいいません。

　従たる事務所の所在地は、従たる事務所を置く場合は必ず定款に記載する必要があるという意味です。

④**社員の氏名、住所および認定司法書士であるか否かの別**（司書法32条3項4号）

　認定司法書士であるか否かの別も記載するのは、司法書士法人でも、簡裁訴訟代理等関係業務は、認定司法書士が扱い、認定司法書士が責任を取るため（P159の「簡裁訴訟代理等関係業務はとにかく認定司法書士が」）、認定司法書士であるか否かは定款で明記しておく必要があるからです。

⑤**社員の出資に関する事項**（司書法32条3項5号）

（3）認証

　定款を作成したら、公証人の認証を受ける必要があります。株式会社や一般社団法人・一般財団法人も公証人の認証が必要なので（── **会社法・商法・商業登記法Ⅰのテキスト第3編第1章第2節**$\boxed{1}$**5.（1）、Ⅱのテキスト第11編第2章第1節**$\boxed{2}$**1.（3）、第2節**$\boxed{2}$**1.（3））**、司法書士法人も必要とされています（P156の「会社法・商業登記法と同等or厳しい」）。

cf. 成立後の定款変更

　司法書士法人の成立後に定款の変更をするには、定款に別段の定め（ex. 社員の多数決による）がある場合を除き、総社員の同意によってする必要があります（司書法35条1項）。持分会社の定款の変更も原則として総社員の同意が必要なので（── **会社法・商法・商業登記法Ⅱのテキスト第4編第6章**$\boxed{1}$**1.**）、司法書士法人も必要とされています（P156の「会社法・商業登記法と同等or厳しい」）。

　定款の変更をしたら、2週間以内に、所属する司法書士会および日本司法書士会連合会に届け出なければなりません（司書法35条2項）。司法書士会および日本司法書士会連合会は、司法書士法人の指導などを行うので、司法書士法人の定款の内容まで把握しておく必要があるからです。

2．社員の出資（Step2）

　社員は、司法書士法人への出資義務があります（司書法46条2項前段、会社法582条）。社員は、司法書士法人の持ち主だからです。

　出資の目的は、金銭やその他の財産（現物出資）に限られません。労務や信用でも構いません（司書法46条2項前段、会社法611条1項本文参照）。司法書士法人の社員は、無限責任を負い、個人財産で責任を取るので、実質的には出資といえるか微妙な労務や信用でも構わないんです。

3．設立の登記（Step3）

　司法書士法人も、登記をすることで成立します（司書法33条）。司法書士法人も、ルール（「則」）に「準」じれば当然に作れる準則主義なわけです。

　「厳しい規制の司法書士法人がそれでいいの？」と思われたかもしれませんが、公証人の認証を受けた定款や日本司法書士会連合会が発行する証明書によって、登記所において十分に審査することができるため、構わないんです。また、成立後に、司法書士会および日本司法書士会連合会の厳しい監督下に置かれます。

　司法書士法人は、成立の時に、司法書士会に入会する手続を採ることなく、主たる事務所の所在地の司法書士会の会員となります（司書法58条1項）。司法書士法人の社員は、全員が司法書士です（司書法28条1項。P154（1））。社員である司法書士がそれぞれ司法書士登録の時に入会の審査を経ています。よって、改めて司法書士法人について入会の審査を経る必要がないんです。

4．成立の届出

　司法書士法人は、成立の日から2週間以内に、登記事項証明書および定款の写しを添えて、成立した旨を、その主たる事務所の所在地を管轄する法務局または地方法務局の管轄区域内に設立された司法書士会および日本司法書士会連合会に届け出なければなりません（司書法34条）。

　この日本司法書士会連合会への届出は、司法書士会を経由することが要求されていません（P146の「日本司法書士会連合会への提出は司法書士会を経由」の例外。経由しても構いません）。設立された旨を届け出るだけで、日本司法書士会連合会が登録手続をしてくれるからです。

第3節　業務

1 業務範囲

司法書士法人の業務範囲は、以下の1.と2.に分けられます。

1．当然に業務範囲となる業務

登記・供託の手続の代理、裁判書類作成関係業務など、P127①〜⑤の業務は当然に業務範囲となります（司書法29条1項柱書）。

P127①〜⑤の業務は、すべての司法書士が行うことができる業務だからです。

2．定款で定めることにより業務範囲となる業務

以下の①②の業務は、定款で定めることにより業務範囲となります。

①法令などに基づいてすべての司法書士ができるものとして司法書士法施行規則31条で定める業務の全部または一部（司書法29条1項1号）

これは、以下のような業務です。

ex1. 他人の財産の管理業務（不在者の財産管理人、相続財産管理人の業務など。司書規31条1号）

ex2. 後見業務（司書規31条2号）

ex3. 司法書士関連業務の出版物の刊行（司書規31条3号）

これらの業務は、司法書士の独占業務ではありません。よって、当然に行うことはできず、定款で定める必要があるんです。

②簡裁訴訟代理等関係業務（司書法29条1項2号）

簡裁訴訟代理等関係業務は、社員のうちに認定司法書士がいる場合に限り、行うことができます（司書法29条2項）。使用人である司法書士が認定を受けているだけではダメです。社員のうちに認定司法書士がいなければ、認定司法書士でない社員が認定司法書士である使用人に指示を出したりすることになってしまうからです。

> **簡裁訴訟代理等関係業務はとにかく認定司法書士が**
>
> 司法書士法人でも、簡裁訴訟代理等関係業務は、とにかく認定司法書士が扱い、認定司法書士が責任を取ります。

2　社員の常駐

1．すべての司法書士法人

　主たる事務所だけでなく、従たる事務所においても、その地の司法書士会の会員である社員を常駐させなければなりません（司法法39条）。この規定の例外はないです。

　すべての事務所に無限責任のある責任の重い社員を常駐させなければならないという、厳しい規定となっています。これは、司法書士法人が従たる事務所を設けるハードルになっています。

2．簡裁訴訟代理等関係業務を行うことを目的とする司法書士法人

　簡裁訴訟代理等関係業務を行うことを目的とする司法書士法人は、簡裁訴訟代理等関係業務を取り扱う事務所には、特定社員を常駐させなければなりません（司書法40条）。「特定社員」とは、司法書士法人の社員のうち、認定司法書士である社員です（司書法36条2項かっこ書）。

　特定社員が常駐していないと、認定司法書士でない社員が認定司法書士である使用人に指示を出したりすることになってしまうからです（P159の「簡裁訴訟代理等関係業務はとにかく認定司法書士が」）。

3　業務の執行

1．登記・供託の手続の代理などP127①〜⑤の業務

　司法書士法人は、持分会社のように（── 会社法・商法・商業登記法Ⅱのテキスト第4編第4章11.(2)）、特定の社員のみ業務を執行するとすることはできるでしょうか。

　できません。司法書士法人の社員は、すべて業務を執行する権利を有し義務を負います（司書法36条1項）。定款で、一部の社員については業務執行権を有しないものとすることはできません。

　司法書士法人は、司法書士事務所に便宜を考えて法人化を許したものです。よって、「法人化したから、司法書士の業務を行えない司法書士が現れる」ということは許されないんです。

2．簡裁訴訟代理等関係業務

　簡裁訴訟代理等関係業務を行うことを目的とする司法書士法人における簡裁訴訟代理等関係業務については、特定社員（上記22.）のみが業務を執行する権利を有し義務を負います（司書法36条2項）。

　簡裁訴訟代理等関係業務は、認定司法書士以外は行えないからです（P159の「簡裁訴訟代理等関係業務はとにかく認定司法書士が」）。

4　業務の取扱いと責任

業務の取扱いと責任は、業務によって少し違いがあります。

	登記・供託の手続の代理など P127①〜⑤の業務	簡裁訴訟代理等関係業務
業務の取扱い	司法書士法人が業務を行います（司書法29条1項）。 登記申請の代理などは、法人でもできるからです。	司法書士法人が受任はしますが、依頼者に代理人となる社員または使用人（要は担当者）を選任してもらいます（司書法30条1項）。 訴訟代理人は、自然人しか想定されていないからです。
責任	業務執行権限を持つ社員の帰責性・故意または過失により依頼者に損害を与えたときは、司法書士法人は債務不履行・不法行為に基づく損害賠償責任を負います。業務執行権限を持つ社員の帰責性・故意または過失は、司法書士法人自体の帰責性・故意または過失と同視されるからです。よって、司法書士法人は、使用者責任の免責規定（民法715条1項ただし書）を主張して、責任を免れることはできません。—— **民法Ⅲのテキスト第8編第3章第3節2**4.	債務不履行責任については、簡裁訴訟代理等関係業務を担当した社員または使用人の帰責性が、司法書士法人の帰責性と同視される扱いがされています。よって、司法書士法人は、担当した社員または使用人が注意を怠らなかったことを証明しなければ、依頼者に対する損害賠償責任を免れることはできません（司書法30条2項）。社員または使用人が依頼者の代理人となるため、司法書士法人は担当した社員または使用人の選任・監督に過失がある場合にしか責任を負わないとなりかねません。そこで、上記のような規定がわざわざ設けられているわけです。 不法行為責任については、司法書士法人は、使用者責任の免責規定（民法715条1項ただし書）を主張して、責任を免れることができます。—— **民法Ⅲのテキスト第8編第3章第3節2**4.

5　法人の代表

1．登記・供託の手続の代理などP127①～⑤の業務

（1）原則

　各社員が代表社員となります（司書法37条1項本文）。各自代表が原則なわけです。

（2）例外

　ただし、以下の①または②のいずれかの方法で、特定の社員のみを代表社員とすることができます（司書法37条1項ただし書）。

①定款
②総社員の同意

2．簡裁訴訟代理等関係業務

（1）原則

　簡裁訴訟代理等関係業務を行うことを目的とする司法書士法人における簡裁訴訟代理等関係業務については、特定社員（P160 2 2.）のみが各自司法書士法人を代表します（司書法37条2項本文）。

　やはり簡裁訴訟代理等関係業務は、認定司法書士以外は行えないからです（P159の「簡裁訴訟代理等関係業務はとにかく認定司法書士が」）。

（2）例外

　ただし、特定社員の全員の同意によって、特定社員のうち特に簡裁訴訟代理等関係業務について司法書士法人を代表すべきものを定めることができます（司書法37条2項ただし書）。

6　業務を行い得ない事件

　業務を行い得ない事件ですので、P131の「『業務を行い得ない事件』の規定の構造」が当てはまります。

1．すべての司法書士法人が業務を行い得ない事件

（1）趣旨

　業務を行うことができないとされるのは、依頼者またはその相手方の不利益（利益相反）になる可能性がある場合です。

（2）業務を行い得ない事件

後行業務（禁止される業務）

　下記①〜③で禁止されるのは、すべて裁判書類作成関係業務です。登記や供託手続の代理についての規制ではありません。公務員・仲裁人でなかった者については、裁判書類作成関係業務・簡裁訴訟代理等関係業務以外についての規制は司法書士法にはないからです（P133 の「後行業務（禁止される業務）」）。

①相手方から依頼を受けて裁判所・検察庁へ提出する書類の作成等をした事件についての裁判書類作成関係業務（司書法 41 条 1 項 1 号）

　これは、P133③と同じです。

ex.　X が Y を相手方として提起した訴えにおいて、複数の従たる事務所を有する司法書士法人 Z は、ある従たる事務所において X から依頼を受けて訴状を作成した場合、Z は、他の従たる事務所においてであっても、Y の依頼を受けて、この事件についての答弁書を作成することはできません。

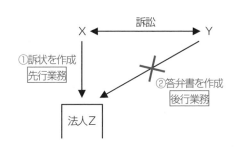

　この ex. のように、他の従たる事務所でも行えません。同じ法人だからです。

②使用人が相手方から簡裁訴訟代理等関係業務に関するものとして受任している事件についての裁判書類作成関係業務（司書法 41 条 1 項 2 号）

　これは、P134⑤の逆バージョンです。

ex.　X が Y を相手方として提起した訴えにおいて、司法書士法人 Z の使用人である司法書士 A が X から依頼を受け、簡裁訴訟代理等関係業務を受任している場合、Z は Y の依頼を受けて、この事件についての答弁書を作成することはできません。

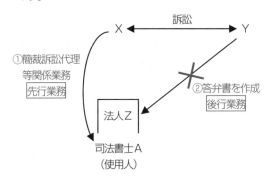

※②に「社員」についての規制がない理由

　この②は「社員」についての規制はありません。社員は、司法書士法人との競業を禁止されているため、社員が個人受任をしているということがないからです（司書法42条1項。P169〜170の1.）。

③社員の半数以上の者が裁判書類作成関係業務を行ってはならないとされる事件についての裁判書類作成関係業務（司書法41条1項3号）

　これは理解するのがちょっとやっかいな規定なのですが、「裁判書類作成関係業務を行ってはならない」とはP133①〜P134④、P136①〜P137⑤のいずれかに当たる場合です。司法書士法人の基本的な意思決定は、社員の過半数で行うと解されています。よって、「社員の半数以上の者が裁判書類作成関係業務を行ってはならない≒司法書士法人が裁判書類作成関係業務を行ってはならない」といえるのです。なお、P134⑤とP138⑥が入っていないのは、これらは使用人についての規定だからです。

ex. XがYを相手方として提起した訴えにおいて、司法書士法人Zの社員A、B、CのうちAおよびBが、Zの社員となる前に、Xから依頼を受けて訴状を作成した場合、ZはYの依頼を受けて、この事件についての答弁書を作成することはできません。

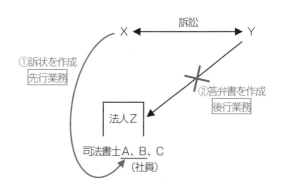

2. 簡裁訴訟代理等関係業務を行うことを目的とする司法書士法人が業務を行い得ない裁判書類作成関係業務事件

（1）趣旨

　業務を行うことができないとされるのは、依頼者またはその相手方の不利益（利益相反）になる可能性がある場合です。

（2）業務を行い得ない事件

　この2.は簡裁訴訟代理等関係業務を行うことを目的とする司法書士法人に対する規制であるため、下記①～③は、先行業務はすべて簡裁訴訟代理等関係業務です。先行業務が裁判書類作成関係業務である場合の規制は、P163の①とP164の③の一部です。

　下記①～③で禁止されるのは、すべて裁判書類作成関係業務です。

　このように、先行業務も後行業務も、登記や供託手続の代理についての規制ではありません。公務員・仲裁人でなかった者については、先行業務も後行業務も、裁判書類作成関係業務・簡裁訴訟代理等関係業務以外についての規制は司法書士法にはないからです（P133の「後行業務（禁止される業務）」）。

①簡裁訴訟代理等関係業務に関するものとして、相手方の協議を受けて賛助またはその依頼を承諾した事件（司書法41条2項1号）

　相手方に「賛助」しただけでも、裁判書類作成関係業務を行えません。賛助とは、相談者の利益を保護するための具体的な見解を示すことなどです。

ex. Xがサラ金業者Yを相手方と
　　して提起する訴えにおいて、簡
　　裁訴訟代理等関係業務を行う
　　ことを目的とする司法書士法
　　人Zは、Xから協議を受けて過
　　払い金の取戻し方を具体的に
　　アドバイスした場合、Xから依
　　頼を受けていなくても、Yから

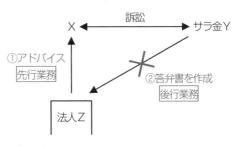

依頼を受けて、この事件についての答弁書を作成することはできません。

②簡裁訴訟代理等関係業務に関するものとして相手方の協議を受けた事件で、その協議の程度および方法が信頼関係に基づくと認められるもの（司書法41条2項2号）

　依頼を受けたわけではなく、協議を受けただけです。ただ、その協議が、協議の内容、回数、時間、場所などを考慮して、依頼を承諾したのと同じくらいの信頼関係が築かれたと判断できると、裁判書類作成関係業務を行えなくなります。

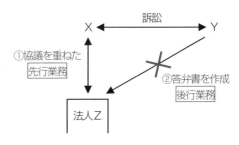

ex.　XがYを相手方として提起する訴えにおいて、司法書士法人Zは、Xから本件訴えの提起について相談を受け、Xとの間で、本件訴えの提起に向けて、Xから本件訴えについての紛争の背景事情などを詳しく聞き、Xに法的な助言をするなどして、協議を重ねたときは、Zは、Xから依頼を受けていなくても、Yの依頼を受けて、この事件についての答弁書を作成することはできないと解されます。

③簡裁訴訟代理等関係業務に関するものとして受任している事件の相手方からの依頼による他の事件（司書法41条2項3号）

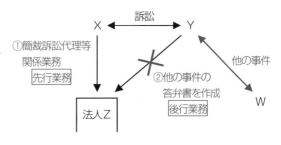

ex.　XがYを相手方として提起している訴えにおいて、司法書士法人Zは、Xから簡裁訴訟代理等関係業務を受任している場合、Yの依頼を受けて、WがYを相手方として提起している事件についての答弁書を作成することはできません。

　ただし、受任している事件の依頼者であるXが同意した場合は、裁判書類作成関係業務を行うことができます（司書法41条2項柱書ただし書）。

　この③は、“他の事件”であるため、XとZとの間の利益相反そのものとはいえないので、Xの同意によって業務の禁止を解除できるんです。

3．簡裁訴訟代理等関係業務を行うことを目的とする司法書士法人が業務を行い得ない簡裁訴訟代理等関係業務事件

　P162〜166の1.と2.で禁止される業務（後行業務）は、いずれも裁判書類作成関係業務でした（P163の「後行業務（禁止される業務）」、P165の「後行業務（禁止される業務）」）。裁判書類作成関係業務よりも簡裁訴訟代理等関係業務のほうが紛争性が強いので（P129の「紛争性と規制の程度」）、やはり簡裁訴訟代理等関係業務についても禁止されています。それが、以下の①②の規定です。

①司法書士法人が裁判書類作成関係業務を行ってはならない事件（司書法41条1項、2項の事件）についての簡裁訴訟代理等関係業務（司書法41条3項1号）

　P163①〜P164③とP165①〜P166③の事件については、簡裁訴訟代理等関係業務についても禁止されています。

②特定社員（P160 2 2.）の半数以上の者が簡裁訴訟代理等関係業務を禁止される事件（司書法22条1項、4項、2項1号、2号、3項1号〜5号の事件。司書法41条3項2号）

　これが業務を行い得ない事件の中で理解するのが最もやっかいな規定なのですが、「簡裁訴訟代理等関係業務を禁止される事件」とはP133①〜P134④、P136①〜P137⑤のいずれかに当たる場合です。なお、P134⑤とP138⑥が入っていないのは、これらの規定は使用人についての規定だからです。

ex. XがYを相手方として提起した訴えにおいて、司法書士法人Zの特定社員A、B、CのうちAおよびBが、Zの社員となる前に、Xから依頼を受けて訴状を作成した場合、ZはYの依頼を受けて、この事件についての簡裁訴訟代理等関係業務を行うことはできません。

X ──訴訟──→ Y

①訴状を作成　先行業務

②簡裁訴訟代理等関係業務　後行業務

法人Z

司法書士A、B、C（特定社員）

第4節　社員

1　責任

1. 登記・供託の手続の代理などP127①〜⑤の業務

　司法書士法人の社員は、以下の①または②の場合、連帯して司法書士法人の債務を弁済する責任を負います。

①司法書士法人が法人の財産をもって債務を完済できない場合（司書法38条1項）
②司法書士法人の財産に対する強制執行が効を奏しなかった場合（司書法38条2項）

　これは、上限のない無限責任・連帯責任ですが、補充的責任です。

　脱退した社員も、脱退の登記をする前に生じた債務について従前の責任の範囲内で弁済する責任を負います（司書法38条6項本文、会社法612条1項）。
　ただし、この責任は、脱退の登記後2年以内に請求または請求の予告をしない司法書士法人の債権者に対しては、脱退の登記後2年を経過した時に消滅します（司書法38条6項本文、会社法612条2項）。2年も請求の予告さえしてこないような債権者は、さすがに請求ができなくなるんです。

　この1.の規定は、持分会社と同じです。　── 会社法・商法・商業登記法Ⅱのテキスト第4編第3章11.、32.(2)(b)

2. 簡裁訴訟代理等関係業務

　簡裁訴訟代理等関係業務を行うことを目的とする司法書士法人が簡裁訴訟代理等関係業務に関し依頼者に対して負担することとなった債務については、以下の①または②の場合に、特定社員（P16022.）のみが連帯して弁済する責任を負います。

①司法書士法人が法人の財産をもって債務を完済できない場合（司書法38条4項本文）
②司法書士法人の財産に対する強制執行が効を奏しなかった場合（司書法38条5項）

　この責任も、上限のない無限責任・連帯責任ですが、補充的責任です。

　司法書士法人を脱退した特定社員も責任を負いますが（司書法38条4項本文かっこ書）、司法書士法人の債務が脱退後の事由により生じた債務であることを証明すれ

ば責任を負わなくて済みます（司書法38条4項ただし書）。上記1.と異なり、「脱退の登記」が基準ではなく、「事由が脱退後」かが基準です。これは何が違うのでしょうか。以下のex.で考えてみましょう。

ex. Xから民事訴訟の訴訟代理を受任した司法書士法人Zが、準備書面を出し忘れました。その後、このZの特定社員AはZを脱退し、脱退の登記がされました。その後、準備書面を出し忘れたことが原因でXが敗訴しました。Zの準備書面の出し忘れが原因ですので、ZはXに対して損害賠償債務を負うと考えられます。この損害賠償債務は、Aの脱退の登記後に生じた債務です。よって、上記1.の債務であれば、Aは責任を負いません。しかし、この2.の債務ですので、債務が生じた事由が問題となります。事由は準備書面の出し忘れであり、それが発生したのはAの脱退前ですので、Aは責任を負うことになります。

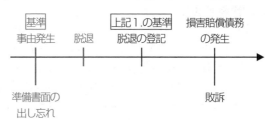

　訴訟代理は、登記・供託の手続の代理などに比べ、長期間にわたって行われます。登記・供託の手続は1〜2週間で終わることが多いですが、訴訟代理が1〜2週間で終わることはほとんどありません。よって、事由が発生したのは脱退の登記前であったが、債務が生じたのは脱退の登記後であるということも十分あり得ます。この場合に、脱退した特定社員がまったく責任を負わなくて済むのはおかしいので、事由が脱退後かが基準とされているんです。

2 競業禁止

1. 意義

　司法書士法人の社員は、以下の①〜③の行為をすることはできません（司書法42条1項）。

①社員が自己のために司法書士法人の業務の範囲に属する業務を行うこと
②社員が第三者のために司法書士法人の業務の範囲に属する業務を行うこと
③社員が他の司法書士法人の社員となること

　つまり、その司法書士法人以外で、司法書士法人の仕事は一切するなということです。しかも、これは、他の社員全員の承諾があっても、できません。会社法・商法の

　競業避止義務の規制は、株式会社・持分会社・商人の承認があればできました。―― **会社法・商法・商業登記法Ⅱのテキスト第10編第2章6̲ 4.（3）**　それは、競業避止義務が株式会社・持分会社・商人のための規制であったので、株式会社・持分会社・商人が承認すればよかったのです。しかし、司法書士法人の社員の競業禁止は、司法書士法人のためではなく、司法書士法人制度の"社会からの信用"のためです。社員がその司法書士法人のためにのみ司法書士法人の仕事をすることで、社会から司法書士法人制度が信用されることを目的としています。よって、他の社員が承諾できることではないんです。

2．損害額の推定

　司法書士法人の社員が、上記1.①②の競業禁止規定に違反して自己または第三者のためにその司法書士法人の業務の範囲に属する業務を行ったときは、その業務によって社員または第三者が得た利益の額が司法書士法人に生じた損害の額と推定されます（司書法42条2項）。これは、会社法・商法にもあった規定ですね。―― **会社法・商法・商業登記法Ⅱのテキスト第10編第2章6̲ 4.（3）**　売上額の減少のうち、いくらが競業取引のせいかを立証するのは困難だからです。

3 脱退

　社員の脱退には、持分会社の社員と同じく、任意脱退（下記1.）と法定脱退（下記2.）があります。―― **会社法・商法・商業登記法Ⅱのテキスト第4編第3章3̲ 2.（1）（b）（c）**

1．任意脱退

　以下の①または②のどちらかの場合には、社員は6か月前までに脱退の予告をして、事業年度の終了の時において脱退できます（司書法46条2項前段、会社法606条1項）。以下の場合に任意脱退を認めないと、司法書士法人に拘束される期間があまりにも長くなってしまうからです。「6か月前まで」に予告をする必要があるのは、司法書士法人に不意打ちにならないようにするためです。脱退時期が「事業年度の終了の時」なのは、司法書士法人の計算の処理を簡易にするためです。事業年度の途中で脱退されると面倒ですから。

①定款で司法書士法人の存続期間を定めなかった場合
②ある社員の終身の間（ある社員が死亡するまで）司法書士法人が存続することを定款で定めた場合

なお、上記①②のいずれにも該当しなくても、社員はやむを得ない事由があればいつでも脱退できます（司書法46条2項前段、会社法606条3項）。

法令で「やむを得ない事由」という文言が使われている場合、それは認められることがほとんどないよっぽどの事由なので、やむを得ない事由が認められれば、ほぼOKになるんです。

2．法定脱退

社員は、以下の①〜⑤のいずれかの事由が生じると脱退します。

①司法書士の登録の取消し（司書法43条1号）

これは当たり前ですね。司法書士法人の社員は、司法書士である必要があるからです（司書法28条1項。P154（1））。

②定款に定める理由の発生（司書法43条2号）

ex. 定款に「65歳で定年退職する」と定めていた場合には、65歳になった社員は脱退します。

③総社員の同意（司書法43条3号）

④司法書士法人の社員の欠格事由（司書法28条2項。P154①〜P155③）のいずれかに該当することとなったこと（司書法43条4号）

これも当たり前ですね。司法書士法人の社員の欠格事由ですから。

⑤除名（司書法43条5号）

「除名」とは、簡単にいうとクビにすることです。社員に重要な義務違反など（ex. 出資をしない）がある場合、以下の手続を経ることで、その社員を除名できます（司書法46条2項、会社法859条）。

・その社員を除く社員の過半数の決議
　　↓
・裁判所の除名判決

※持分の差押債権者による脱退

　持分も、株式と同じく財産権なので、社員の債権者が差し押さえることができます。社員の持分を差し押さえた債権者は、事業年度の終了時の6か月前までに司法書士法人および債務者である社員に予告をしたうえで、事業年度の終了時にその社員を脱退させることができます（司書法46条2項前段、会社法609条1項）。

　債権者が何のために社員を脱退させるかというと、債務者である社員に持分の払戻しを受けさせるためです。脱退した社員は、持分の払戻しを受けることができます（司書法46条2項前段、会社法611条1項本文）。債権者は、払い戻された金銭などから債権を回収する目論見なわけです。

　「6か月前まで」に予告をする必要があるのと脱退時期が「事業年度の終了時」とされているのは、P170〜171の1.と同じ理由によります。

第5節　司法書士法人の解散

　司法書士法人も、団体ですので、組合、株式会社、持分会社、一般社団法人・一般財団法人などと同じく、基本的にすぐに消滅することは認められず、「解散→清算」という流れで財産の清算などを行う必要があります（司書法46条3項参照）。

　この第5節では、解散に絞ってみていきます。

1 解散事由

　司法書士法人の解散事由は、以下の7つです。

①定款に定める理由の発生（司書法44条1項1号）
ex.「存立期間　法人成立の日から満30年」という定めが定款にある場合、法人成立の日から30年が経過すると、司法書士法人は解散します。

②総社員の同意（司書法44条1項2号）

③他の司法書士法人との合併（司書法44条1項3号）
　一般社団法人・一般財団法人と同じく、司法書士法人は組織再編のうち合併のみできます。── 会社法・商法・商業登記法Ⅱのテキスト第11編第2章第4節1　一般社団法人・一般財団法人と同じく、司法書士法人は新しい法人制度です（平成15年にできました）。よって、今のところは、最も基本的な組織再編である合併のみ認められています。── 会社法・商法・商業登記法Ⅱのテキスト第5編第1章2 2.（2）「合併が最も基本的な組織再編」

④破産手続開始の決定（司書法44条1項4号）

⑤解散を命じる裁判（司書法44条1項5号）
　裁判所による解散命令と、社員の請求によってされる解散判決があります（司書法46条4項、会社法824条、司書法46条6項、会社法833条2項）。

⑥法務大臣による解散の処分（司書法44条1項6号、48条1項3号）

⑦社員の欠亡（社員が0人になること。司書法44条1項7号）
　かつては、社員が1人になることが解散事由でした。しかし、令和元年の改正で、

社員は1人でもよくなったので（司書法32条1項参照。P153）、社員が0人になることが解散事由となりました。

2　解散の届出

　司法書士法人が、合併以外の理由で解散したときは、解散の日から2週間以内に、その旨を、主たる事務所の所在地の司法書士会および日本司法書士会連合会に届け出なければなりません（司書法44条2項）。司法書士会および日本司法書士会連合会は、司法書士法人の指導などを行うので、司法書士法人の解散についても把握しておく必要があるからです。合併が除かれているのは、合併の存続法人または設立法人に司法書士会および日本司法書士会連合会に対しての合併の届出義務が課されているため、司法書士会および日本司法書士会連合会は合併によって解散したことを把握することができるからです。

第5章

懲　戒

これまでも何度か出てきましたが、「懲戒」という制度があります。全国の司法書士が「懲戒にだけはならないようにしなくては……」と気をつけ、恐れている制度でもあります。

1 懲戒の種類

「司法書士に対する懲戒」（下記1.）と、「司法書士法人に対する懲戒」（下記2.）があります。

1. 司法書士に対する懲戒

司法書士法47条（司法書士に対する懲戒）

　　司法書士がこの法律又はこの法律に基づく命令に違反したときは、法務大臣は、当該司法書士に対し、次に掲げる処分をすることができる。

　　一　戒告

　　二　2年以内の業務の停止

　　三　業務の禁止

司法書士に対する懲戒には、以下の①～③があります。

①戒告（司書法47条1号）

ex. 日本司法書士会連合会または所属する司法書士会の会則違反

　これは、いわゆる注意です。

②2年以内の業務の停止（司書法47条2号）

ex. 名義貸し

　業務の停止の処分を受けても、司法書士の登録は取り消されず、司法書士ではあります。しかし、業務の停止の期間中は、事務所に司法書士である旨の表示（P138 3）をすることができなくなります（司書規20条3項）。事務所のウェブサイトがある事務所であれば、ウェブサイトも閲覧できない状態にします。業務の停止ですので、その期間中は、業務を行うことができないからです。

③業務の禁止（司書法47条3号）

ex. 上記②に当たる行為が極めて悪質である場合

　業務の禁止の処分を受けると、処分の日から3年は司法書士になることができず（司書法5条5号。P144⑤）、登録も取り消されます（司書法 15 条1項4号。P151④）。

2．司法書士法人に対する懲戒

司法書士法48条（司法書士法人に対する懲戒）

1　司法書士法人がこの法律又はこの法律に基づく命令に違反したときは、法務大臣は、当該司法書士法人に対し、次に掲げる処分をすることができる。
　一　戒告
　二　2年以内の業務の全部又は一部の停止
　三　解散

　司法書士法人に対する懲戒には、以下の①〜③があります。

①戒告（司書法48条1項1号）
②2年以内の業務の全部または一部の停止（司書法48条1項2号）

　司法書士法人に対する懲戒だと、業務の一部の停止もあります。司法書士法人であれば従たる事務所を設けることができるため（P138 3、P157③）、ある従たる事務所において不正行為が行われていたので、その従たる事務所のみ業務を停止する、といったことをする必要がある場合があるからです。

③解散（司書法48条1項3号）

　法人であるため、解散の処分があります。

　法務大臣は、懲戒処分の手続に付された司法書士法人については、懲戒処分がされるまでに清算結了した場合でも、懲戒処分をすることができます（司書法48条2項）。
　懲戒がされることを察知して、司法書士法人を消滅させて懲戒を逃れようとする司法書士法人がありました。P155②で説明したとおり、司法書士法人が解散処分を受けると3年は司法書士法人の社員になれなくなったりします。そこで、ギリギリで逃げようとするわけです。それを防止するために、令和元年の改正で、清算結了した場合でも懲戒処分をすることができるとされました。

※司法書士法人に対する懲戒処分に加えて司法書士に対して懲戒処分をすることの可否

司法書士法人に対して懲戒処分をする場合に、さらにその司法書士法人の社員または使用人である司法書士に対して懲戒処分をすることもできます。司法書士法人に加えて代表社員も懲戒されるといったことが多いです。

2 懲戒権者

懲戒をするのは、法務大臣です（司書法47条柱書、48条1項柱書）。

かつては、懲戒をするのは、司法書士の事務所の所在地を管轄する法務局または地方法務局の長でした。司法書士のメイン業務は登記であり、事務所の所在地を管轄する法務局または地方法務局の管轄内の登記所に登記申請をすることが多かったので、懲戒事由があるかどうかを最もよく把握しているのは法務局または地方法務局の長だと考えられていたからです。しかし、司法書士の業務は、（地方）法務局の管轄ではない裁判業務や後見業務にも拡大してきています。また、登記申請も、オンライン申請が増えてきたので、事務所の所在地を管轄する法務局または地方法務局の管轄内の登記所ではない登記所に申請することも増えてきました。そこで、令和元年の改正で、懲戒権者が司法書士の任命権者である法務大臣になりました。

3 懲戒事由

懲戒事由は、司法書士法または司法書士法に基づく命令（司法書士法施行令、司法書士法施行規則など）に違反したことです（司書法47条柱書、48条1項柱書）。よって、司法書士法2条の品位保持義務や司法書士法23条の会則の遵守義務に違反したことも、懲戒事由となります。

4 請求権者

懲戒請求は、誰でもすることができます（司書法49条1項）。よって、トラブルが生じてしまった依頼者、提携している不動産業者、パワハラで事務所を辞めた補助者、ライバル事務所などが懲戒請求をするといったこともあります……。

また、司法書士会は、所属の会員である司法書士または司法書士法人が司法書士法または司法書士法に基づく命令に違反すると思料する（考える）ときは、その旨を懲戒権者である法務大臣に報告しなければなりません（司書法60条）。

5　除斥期間

　懲戒の事由があったときから7年を経過したときは、懲戒処分の手続は開始されません（司書法50条の2）。

　かつては、この規定がなかったので、司法書士・司法書士法人は、たとえば、10年前に扱った事件でも、懲戒される可能性がありました。しかし、10年も前だと、事件の記録を捨ててしまっていることもあります。また、10年も前のことをあまり記憶していないですよね。そこで、令和元年の改正で、7年の除斥期間が設けられました。「7年」とされたのは、7年間保存する必要がある資料があるため（犯罪による収益の移転防止に関する法律6条2項）、その期間に合わせられました。

6　手続

1．調査

　通知を受けた法務大臣は、必要な調査をしなければなりません（司書法49条2項）。なお、司法書士または司法書士法人の保存する事件簿などを調査するかは、任意です（司書規42条1項）。

2．聴聞

　「聴聞」とは、行政機関がその決定にあたって、相手方その他の関係人に意見を述べる機会を与える手続のことです。懲戒処分は、司法書士・司法書士法人に対する不利益な処分ですので、司法書士・司法書士法人にも反論の機会を与える必要があります。よって、以下の懲戒処分をする場合には、その前提として聴聞を行う必要があります。

①戒告の処分（司書法49条3項）
②業務の停止の処分（司書法49条3項）
③業務の禁止の処分または解散の処分（行手法13条1項1号ロ）

　すべての懲戒処分ということです。かつては、①の戒告の処分をする前提としては聴聞を行う必要はありませんでした。戒告を受けても、業務は引き続き行えるからです。しかし、戒告でも、司法書士・司法書士法人の氏名・名称などが官報に掲載され（司書法51条）、経歴として一生残ります。そのため、「戒告の処分の前提としても聴聞を行うべきだ！」という声があり、令和元年の改正で、聴聞が必要とされました。

　聴聞の手続は、原則として非公開で行われます（行手法20条6項）。

ただし、司法書士・司法書士法人から公開によって行うよう請求があったときは、公開で行われます（司書法49条5項）。

7　懲戒処分後

　懲戒処分の後、以下の1.と2.の手続が行われます。

1．公告

　法務大臣は、官報に懲戒処分をした旨を掲載します（司書法51条）。

　官報に載ってしまうんです。そこで、「官報に乗るのは原則として4回までにしよう！」という笑い話があります……。「司法書士試験合格、認定考査合格、司法書士登録、司法書士廃業」の4回です。5回目（懲戒処分）はダメです。

2．通知

　法務大臣は、以下の（1）（2）の通知をします。

（1）所属する司法書士会への通知

　司法書士・司法書士法人の所属する司法書士会への通知は、以下の懲戒処分がされた場合にされます（司書規38条）。

①戒告の処分
②業務の停止の処分
③業務の禁止の処分または解散の処分

　すべての懲戒処分ということです。懲戒は法務大臣がするため、所属する司法書士会にも知らせる必要があるわけです。

（2）日本司法書士会連合会への通知

　日本司法書士会連合会への通知は、以下の懲戒処分がされた場合にされます。

・業務の禁止の処分または解散の処分（司書規38条）

　この懲戒処分のみ登録を取り消す必要があります。よって、登録事務を扱う日本司法書士会連合会にも通知をする必要があるわけです。

第6章　司法書士会

> **司法書士法52条（設立及び目的等）**
> 1　司法書士は、その事務所の所在地を管轄する法務局又は地方法務局の管轄区域ごとに、会則を定めて、一箇の司法書士会を設立しなければならない。
> 2　司法書士会は、会員の品位を保持し、その業務の改善進歩を図るため、会員の指導及び連絡に関する事務を行うことを目的とする。

1 設立

　司法書士会は、会員（司法書士・司法書士法人）の品位を保持し、その業務の改善進歩を図るため、会員の指導および連絡に関する事務を行うことを目的とする法人です（司書法52条2項、3項）。

　司法書士は、その事務所の所在地を管轄する法務局または地方法務局の管轄区域ごとに、会則を定めて、一箇の司法書士会を設立しなければなりません（司書法52条1項）。司法書士会は、司法書士が作ったものなんです。ただ、すでに各都道府県に1個（北海道のみ4個）できていますので、みなさんが司法書士になった後に設立することはないでしょう。

　司法書士会には、会長と副会長を置く必要があります（司書法56条1項）。

cf. 日本司法書士会連合会

　日本司法書士会連合会は、司法書士会の会員の品位を保持し、その業務の改善進歩を図るため、司法書士会およびその会員の指導および連絡に関する事務を行い、ならびに、司法書士の登録に関する事務を行うことを目的とします（司書法62条2項）。日本司法書士会連合会は、全国の司法書士会が設立したものです（司書法62条1項）。日本司法書士会連合会は、1つしかありません。

2　会則の認可

1．意義

司法書士会は、会則を定めなければなりません（司書法52条1項）。

司法書士会の会則を定めるまたは変更するには、法務大臣の認可を受けなければなりません（司書法54条1項本文）。

ただし、一部の事項の変更については、法務大臣の認可は不要です（司書法54条1項ただし書、53条1号、7〜11号）。

ex1. 司法書士会の名称の変更、事務所の所在地の変更（司書法53条1号）

ex2. 司法書士会の会費に関する規定の変更（司書法53条11号）

2．手続

（1）認可申請書の提出

司法書士会が、会則の変更の認可を申請するには、その司法書士会の事務所の所在地を管轄する法務局または地方法務局の長を経由して、法務大臣に認可申請書を提出します（司書規43条1項）。

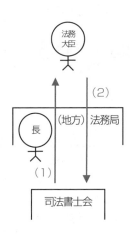

（2）認可等の通知

法務大臣は、会則の変更を認可する処分または認可しない処分をしたときは、その旨をその司法書士会の事務所の所在地を管轄する法務局または地方法務局の長を経由して、その司法書士会に通知します（司書規44条）。

3　紛議の調停

司法書士会は、所属の会員（司法書士・司法書士法人）の業務に関する紛議について、その会員または当事者その他関係人の請求を受けて、調停をすることができます（司書法59条）。

司法書士が、依頼者の方と上手くコミュニケーションが取れなかったりして、依頼者の方とモメ事が生じてしまうことがあります。そのような場合に、司法書士会が間に入って調停ができるのです。司法書士会は、司法書士の業務を熟知していますし、中立の立場なので、調停によって紛議を解決に導くことが期待されているんです。

第7章　公共嘱託登記司法書士協会

司法書士法68条（設立及び組織）

1　その名称中に公共嘱託登記司法書士協会という文字を使用する一般社団法人は、社員である司法書士及び司法書士法人がその専門的能力を結合して官庁、公署その他政令で定める公共の利益となる事業を行う者（以下「官公署等」という。）による不動産の権利に関する登記の嘱託又は申請の適正かつ迅速な実施に寄与することを目的とし、かつ、次に掲げる内容の定款の定めがあるものに限り、設立することができる。

〔省略〕

1　公共嘱託登記司法書士協会とは？

公共嘱託登記司法書士協会：官庁、公署その他政令で定める公共の利益となる事業を行う者の嘱託を受けて、不動産の権利に関する登記の事務を行うことをその業務とする、司法書士および司法書士法人が設立する協会（司法書士法68条1項柱書）

たとえば、国がダム建設のために用地買収を行うと、数百件～数千件の登記をしなければなりません。こういった不動産登記を大量にしないといけない場合に、官公署などから嘱託を受けて登記を行うのが公共嘱託登記司法書士協会です。このように登記を大量にしないといけない場合のために設立されるので、公共嘱託登記司法書士協会が行うのは不動産の権利に関する登記の事務であり、商業登記ではありません。商業登記が大量に発生するといった事態は、あまり考えられないからです。

都道府県内に設立可能な公共嘱託登記司法書士協会の数の制限はありませんので、同一の都道府県内に複数の公共嘱託登記司法書士協会を設立しても構いません。

2　定款で定める必要がある事項

公共嘱託登記司法書士協会の定款には、以下の①～③の内容を定める必要があります。

①公共嘱託登記司法書士協会の社員は、公共嘱託登記司法書士協会の主たる事務所の所在地を管轄する法務局または地方法務局の管轄区域内に事務所を有する司法書士または司法書士法人でなければならない（司書法68条1項1号）
②司法書士または司法書士法人が協会の社員になろうとするときは、正当な理由がなければ拒むことができない（司書法68条1項2号）

司法書士・司法書士法人が多いほうが多くの登記を行えるため、社員となる司法書士・司法書士法人は多いほうがいいからです。また、正当な理由がなく拒めると、不公平が生じてしまいます。

③理事の員数の過半数は、社員（社員である司法書士法人の社員を含みます）でなければならない（司書法68条1項3号）

理事の「過半数」が社員であればよいということは、司法書士でない者も理事になれるということです。かつては、司法書士の数が少なかったので、理事を社員に限定していないんです。ただ、司法書士でない者が理事の大半を占めることは問題なので、理事の員数の過半数は社員である必要があるとされています。

3 業務

1. 業務の内容

公共嘱託登記司法書士協会は、官公署などの嘱託を受けて、不動産（他の都道府県の不動産でも構いません）の権利に関する登記について P127①〜⑤（司書法3条1項1〜5号）の事務を行うことをその業務とします（司書法69条1項）。裁判書類作成関係業務も含まれているのは、不動産登記の業務の中で、公示催告の申立書の作成をすることがあるからです。── 不動産登記法Ⅱのテキスト第5編第8章 1 3.（1）

2. 業務執行者

公共嘱託登記司法書士協会は、その業務にかかる事務を司法書士会に入会している司法書士または司法書士法人でない者に取り扱わせてはいけません（司書法69条2項）。協会の理事が司法書士でないことはあり得ますが（司書法68条1項3号。上記 2 ③）、司法書士会に入会している司法書士または司法書士法人でない限り、理事であっても協会の業務にかかる事務を取り扱わせてはいけません。登記申請など、司法書士業務ですから、これらの規定は当たり前ですね。

ただ、他の公共嘱託登記司法書士協会の社員である司法書士または司法書士法人に委託することはできます。1つの協会では人出が足りないこともあるからです。

3. 補助者の届出の要否

公共嘱託登記司法書士協会が、事務の補助をさせるため職員を置いた場合に、法務局または地方法務局の長にその旨を届け出ることを要する規定は存在しません。

4 監督

　公共嘱託登記司法書士協会は、（地方）法務局の長の監督下に置かれます（司法書士法69条の2第1項）。そのため、法務局または地方法務局の長は、いつでも、公共嘱託登記司法書士協会の業務や財産の状況を検査したり、業務に関して監督上必要な命令をしたりすることができます（司法書士法69条の2第2項）。

事 項 索 引

供 託 法

あ

【い】

一括供託 29

【え】

営業保証供託 3，14

【お】

オンライン申請 17，116

か

【か】

仮差押解放金 63

仮処分解放金 66

還付請求権 5，83

【き】

義務供託 52

供託 2

供託受入手続 16

供託カード 121

供託官 9

供託原因 35

供託行為能力 6

供託者 5

供託所 9

供託書 17

供託書正本 117

供託通知 27

供託当事者適格 7

供託当事者能力 6

供託の受諾 15，85

供託物払渡請求書 95

【け】

権利供託 47

さ

【さ】

債権者不確知 30，42

裁判上の保証供託 4，14

差替え 121

【し】

事情届 49

執行供託 4，46

受領拒否 30，35

受領不能 30，40

た

【た】

代供託 121

第三者による供託 8

【て】

電子証明書 116

電子署名 116

電子的な供託書正本 117

電子納付 26，117

【と】

取戻請求権 5，83

は

【は】
払渡請求権 ························· 5，87

【ひ】
被供託者 ····························· 5

【ふ】
不出頭供託 ·························· 82

【へ】
弁済供託 ························· 3，30

【ほ】
保管替え ···························· 122
保証供託 ···························· 3
没取供託 ···························· 4

ま

【み】
みなし解放金 ······················ 64
みなし供託書正本 ················· 117

ら

【り】
利札 ································· 115

司法書士法

か

【き】
業務を行い得ない事件
············ 131，133，135，138，162

【こ】
公共嘱託登記司法書士協会 ·········· 182
後行業務（禁止される業務）
············ 133，135，163，165

さ

【し】
司法書士会 ························· 180
司法書士に対する懲戒 ··············· 175
司法書士の業務 ····················· 127
（司法書士の）欠格事由 ·············· 143
（司法書士の）登録・入会 ············ 145
司法書士法人 ······················· 153
　　――の解散 ····················· 173
　　――の業務 ····················· 159
　　――の社員 ················ 154，168
　　――の設立 ····················· 154

た

【ち】
懲戒 ································· 175
聴聞 ································· 178

【と】
登録審査会 ························· 147

は

【ひ】
秘密保持義務 ······················· 139

条 文 索 引

【供託法】

供託法1条 ──────────── 9，11

供託法1条の2 ────────── 9

供託法1条の4 ────────── 123

供託法3条 ──────────── 113

供託法4条 ──────────── 121

供託法4条ただし書 ──────── 115

供託法5条1項 ────────── 12

供託法5条2項 ────────── 12

供託法8条1項 ──── 108，109，110

供託法8条2項 ─── 89，91，92，107

供託法9条 ──────────── 109

【供託規則】

供託規則5条 ─────────── 106

供託規則5条1項 ──── 84，106，119

供託規則6条2項本文 ─────── 20

供託規則6条2項ただし書 ───── 20

供託規則6条4項本文 ───── 21，99

供託規則6条5項 ────────── 21

供託規則6条6項 ─────── 21，99

供託規則9条 ───────── 23，106

供託規則9条の2第1項本文

──────────── 24，110

供託規則9条の2第1項ただし書

────────────── 111

供託規則9条の2第4項 ────── 24

供託規則13条1項 ───────── 17

供託規則13条2項1号 ─────── 19

供託規則13条2項2号 ─────── 19

供託規則13条2項3号 ─────── 19

供託規則13条2項4号 ─────── 19

供託規則13条2項5号 ─────── 19

供託規則13条2項6号 ─────── 19

供託規則13条2項6号かっこ書 ─── 5

供託規則13条2項7号 ─────── 20

供託規則13条2項8号 ─────── 20

供託規則13条2項9号 ─────── 20

供託規則13条2項10号 ─────── 20

供託規則13条2項11号 ─────── 20

供託規則13条2項12号 ─────── 20

供託規則13条の3第1項前段 ──── 17

供託規則13条の4第1項本文 ─── 121

供託規則13条の4第4項 ───── 121

供託規則13条の4第4項4号 ─── 121

供託規則14条1項 ──────── 120

供託規則14条1項前段 ── 21，22，103

供託規則14条1項後段 ──── 23，106

供託規則14条2項

────── 6，21，22，103，120

供託規則14条3項

────── 6，21，22，103，120

供託規則14条4項前段 ─────── 22

供託規則14条4項後段 ─────── 23

供託規則14条の2 ──────── 22

供託規則15条前段 ────── 24，110

供託規則16条1項前段 ─────── 28

供託規則16条2項 ───────── 28

供託規則18条1項 ─────── 25，26

供託規則19条1項 ─────── 25，27

供託規則20条1項 ───────── 26

供託規則20条2項前段 ─────── 25

供託規則20条の2第1項⋯⋯⋯⋯⋯26
供託規則20条の2第2項⋯⋯⋯⋯⋯25
供託規則20条の3第1項⋯⋯⋯26, 117
供託規則20条の3第2項⋯⋯⋯⋯⋯25
供託規則20条の3第4項⋯⋯⋯⋯117
供託規則21条の3 ⋯⋯⋯⋯⋯⋯122
供託規則21条の7 ⋯⋯⋯15, 25, 111
供託規則22条1項⋯⋯⋯⋯⋯⋯⋯95
供託規則22条1項かっこ書⋯⋯98, 99
供託規則22条2項1号⋯⋯⋯⋯⋯97
供託規則22条2項2号⋯⋯⋯⋯⋯97
供託規則22条2項3号⋯⋯⋯⋯⋯97
供託規則22条2項4号⋯⋯⋯⋯⋯97
供託規則22条2項5号⋯⋯⋯⋯⋯97
供託規則22条2項5号かっこ書⋯⋯98
供託規則22条2項6号⋯⋯⋯⋯⋯97
供託規則22条2項7号⋯⋯⋯⋯⋯97
供託規則22条2項8号⋯⋯⋯⋯⋯97
供託規則22条2項9号⋯⋯⋯⋯⋯97
供託規則22条2項10号⋯⋯⋯⋯⋯97
供託規則22条2項11号⋯⋯⋯⋯⋯97
供託規則22条2項12号⋯⋯⋯⋯⋯97
供託規則23条 ⋯⋯⋯⋯⋯⋯⋯112
供託規則24条1項1号本文
⋯⋯⋯⋯75, 108, 109, 110
供託規則24条1項1号ただし書⋯⋯108
供託規則24条1項2号⋯⋯⋯⋯⋯110
供託規則24条2項柱書⋯⋯⋯⋯104
供託規則24条2項1号⋯⋯⋯⋯⋯104
供託規則24条2項2号⋯⋯⋯⋯⋯104
供託規則24条2項3号⋯⋯⋯⋯⋯104
供託規則24条2項4号⋯⋯⋯⋯⋯104
供託規則25条1項本文
⋯⋯⋯⋯⋯75, 106, 107

供託規則25条1項ただし書⋯⋯⋯⋯107
供託規則25条2項⋯⋯⋯⋯⋯⋯104
供託規則26条 ⋯⋯⋯⋯⋯⋯⋯120
供託規則26条1項本文⋯⋯⋯⋯⋯100
供託規則26条1項ただし書⋯⋯⋯101
供託規則26条2項⋯⋯⋯⋯⋯⋯100
供託規則26条3項1号⋯⋯⋯⋯⋯101
供託規則26条3項2号⋯⋯⋯⋯⋯101
供託規則26条3項3号⋯⋯⋯⋯⋯102
供託規則26条3項4号⋯⋯⋯⋯⋯102
供託規則26条3項4号かっこ書⋯⋯103
供託規則26条3項5号⋯⋯⋯102, 103
供託規則26条3項6号⋯⋯⋯⋯⋯103
供託規則27条 ⋯⋯⋯⋯⋯⋯⋯120
供託規則27条1項⋯⋯⋯⋯⋯⋯103
供託規則27条1項本文⋯⋯⋯⋯⋯103
供託規則27条1項ただし書⋯⋯⋯⋯103
供託規則27条2項⋯⋯⋯⋯⋯⋯106
供託規則27条3項⋯⋯⋯103, 106, 110
供託規則28条1項⋯⋯⋯⋯⋯98, 112
供託規則28条1項前段⋯⋯⋯⋯⋯111
供託規則28条2項⋯⋯⋯⋯⋯⋯98
供託規則28条3項⋯⋯⋯⋯⋯⋯98
供託規則29条 ⋯⋯⋯⋯⋯⋯⋯111
供託規則29条1項⋯⋯⋯⋯⋯⋯99
供託規則29条2項⋯⋯⋯⋯⋯⋯99
供託規則30条1項
⋯⋯⋯46, 49, 51, 54, 56, 62
供託規則30条2項⋯⋯⋯⋯⋯⋯46
供託規則31条 ⋯⋯⋯⋯⋯⋯⋯111
供託規則33条1項⋯⋯⋯⋯⋯⋯113
供託規則33条2項前段⋯⋯⋯⋯⋯113
供託規則33条2項後段⋯⋯⋯⋯⋯113
供託規則34条1項本文⋯⋯⋯⋯⋯114

供託規則34条1項ただし書‥‥‥‥114
供託規則34条2項‥‥‥‥‥‥‥‥114
供託規則35条1項‥‥‥‥‥‥‥‥114
供託規則38条1項‥‥‥‥‥‥‥‥116
供託規則38条1項1号‥‥‥‥‥‥17
供託規則38条1項2号‥‥‥‥‥‥95
供託規則39条1項‥‥‥‥‥‥‥‥116
供託規則39条2項本文‥‥‥‥‥116
供託規則39条2項ただし書‥‥‥116
供託規則39条3項‥‥‥‥‥‥‥‥116
供託規則39条3項柱書かっこ書

‥‥‥‥‥‥‥‥‥‥‥‥‥‥‥116
供託規則39条5項‥‥‥‥‥‥‥‥116
供託規則39条7項‥‥‥‥‥‥‥‥116
供託規則39条の2第1項‥‥‥‥116
供託規則39条の2第3項‥‥‥‥116
供託規則40条1項後段‥‥‥‥‥117
供託規則40条2項‥‥‥‥‥‥‥‥117
供託規則42条1項本文‥‥‥‥‥117
供託規則42条1項ただし書‥‥‥117
供託規則42条4項‥‥‥‥‥‥‥‥117
供託規則43条1項‥‥‥‥‥‥‥‥118
供託規則43条2項‥‥‥‥‥‥‥‥118
供託規則44条2項‥‥‥‥‥111，118
供託規則47条‥‥‥‥15，85，86，91
供託規則48条1項‥‥‥‥‥‥‥‥119
供託規則48条2項‥‥‥‥‥‥‥‥120
供託規則48条3項‥‥‥‥‥‥‥‥120
供託規則49条1項‥‥‥‥‥‥‥‥119
供託規則49条2項‥‥‥‥‥‥‥‥120
供託規則49条3項‥‥‥‥‥‥‥‥120
供託規則49条4項‥‥‥‥‥‥‥‥120

【供託準則】
供託準則26条の2‥‥‥‥‥‥‥‥29
供託準則31条‥‥‥‥‥‥‥‥‥‥22
供託準則32条の2‥‥‥‥‥‥‥102
供託準則33条1項‥‥‥‥‥‥27，28
供託準則37条‥‥‥‥‥‥‥‥‥‥25
供託準則45条1項‥‥‥‥‥‥‥‥28
供託準則60条1項‥‥‥‥‥‥‥‥99
供託準則61条‥‥‥‥‥‥‥‥‥‥99
供託準則63条2項‥‥‥‥‥‥‥102
供託準則75条‥‥‥‥‥‥‥‥‥‥106

【司書法】
司書法1条‥‥‥‥‥‥‥‥‥‥‥126
司書法3条1項1～5号‥‥‥‥‥183
司書法3条1項1号‥‥‥‥‥‥‥127
司書法3条1項2号‥‥‥‥‥‥‥127
司書法3条1項3号‥‥‥‥‥‥‥127
司書法3条1項4号‥‥‥‥‥‥‥127
司書法3条1項5号‥‥‥‥‥‥‥127
司書法3条1項6号‥‥‥‥‥‥‥127
司書法3条1項6号柱書ただし書
　かっこ書‥‥‥‥‥‥‥‥‥‥127
司書法3条1項6号イ‥‥‥‥‥127
司書法3条1項7号‥‥‥‥‥‥‥127
司書法3条1項8号‥‥‥‥‥‥‥127
司書法4条1号‥‥‥‥‥‥‥‥‥146
司書法4条2号‥‥‥‥‥‥‥‥‥146
司書法5条1号‥‥‥‥‥‥‥‥‥143
司書法5条2号‥‥‥‥‥‥‥‥‥144
司書法5条3号‥‥‥‥‥‥‥‥‥144
司書法5条4号‥‥‥‥‥‥‥‥‥144
司書法5条5号‥‥‥‥144，155，176
司書法5条6号‥‥‥‥‥‥‥‥‥144

司書法8条1項-----------155
司書法9条1項-----------145
司書法9条2項-----------145
司書法10条1項柱書前段-----------146
司書法10条1項柱書後段-----------147, 152
司書法10条1項1号-----------146
司書法10条1項2号-----------146
司書法10条1項3号-----------147
司書法10条2項-----------147
司書法11条-----------147
司書法12条-----------148
司書法12条1項-----------148, 152
司書法12条2項-----------148
司書法12条3項-----------148
司書法13条1項-----------150
司書法13条2項-----------150
司書法13条4項-----------148
司書法14条-----------150
司書法15条1項柱書-----------151
司書法15条1項1号-----------151
司書法15条1項2号-----------151
司書法15条1項3号-----------151
司書法15条1項4号-----------151, 155, 176
司書法15条2項-----------151
司書法16条1項柱書-----------151
司書法16条1項1号-----------151
司書法16条1項2号-----------151
司書法16条2項-----------152
司書法16条3項-----------152
司書法16条4項-----------152
司書法17条-----------148
司書法17条前段-----------152
司書法20条-----------138
司書法21条-----------130

司書法21条かっこ書-----------130
司書法22条1項-----------132, 133, 167
司書法22条2項1号-----------132, 133, 167
司書法22条2項2号-----------132, 134, 167
司書法22条2項2号かっこ書
-----------132, 153
司書法22条2項3号-----------132, 134
司書法22条3項柱書ただし書
-----------137, 138
司書法22条3項1～5号-----------167
司書法22条3項1号-----------136
司書法22条3項2号-----------136
司書法22条3項3号-----------137
司書法22条3項4号-----------137
司書法22条3項5号-----------137
司書法22条3項6号-----------138
司書法22条4項-----------138, 167
司書法23条-----------139, 146
司書法24条-----------139
司書法26条-----------154
司書法28条1項-----------154, 158, 171
司書法28条2項-----------171
司書法28条2項1号-----------154
司書法28条2項2号-----------155
司書法28条2項3号-----------155
司書法29条1項-----------161
司書法29条1項柱書-----------159
司書法29条1項1号-----------159
司書法29条1項2号-----------159
司書法29条2項-----------159
司書法30条1項-----------161
司書法30条2項-----------161
司書法32条1項-----------153, 156, 174
司書法32条3項-----------157

司書法32条3項1号..............157
司書法32条3項2号..............157
司書法32条3項3号..............157
司書法32条3項4号..............157
司書法32条3項5号..............157
司書法33条..............158
司書法34条..............158
司書法35条1項..............157
司書法35条2項..............157
司書法36条1項..............160
司書法36条2項..............160
司書法36条2項かっこ書..............160
司書法37条1項本文..............162
司書法37条1項ただし書..............162
司書法37条2項本文..............162
司書法37条2項ただし書..............162
司書法38条1項..............168
司書法38条2項..............168
司書法38条4項本文..............168
司書法38条4項本文かっこ書..............168
司書法38条4項ただし書..............169
司書法38条5項..............168
司書法38条6項本文..............168
司書法39条..............160
司書法40条..............160
司書法41条1項..............167
司書法41条1項1号..............163
司書法41条1項2号..............163
司書法41条1項3号..............164
司書法41条2項..............167
司書法41条2項柱書ただし書..............166
司書法41条2項1号..............165
司書法41条2項2号..............166
司書法41条2項3号..............166

司書法41条3項1号..............167
司書法41条3項2号..............167
司書法42条1項..............135, 164, 169
司書法42条2項..............170
司書法43条1号..............171
司書法43条2号..............171
司書法43条3号..............171
司書法43条4号..............171
司書法43条5号..............171
司書法44条1項1号..............173
司書法44条1項2号..............173
司書法44条1項3号..............173
司書法44条1項4号..............173
司書法44条1項5号..............173
司書法44条1項6号..............173
司書法44条1項7号..............173
司書法44条2項..............174
司書法46条1項..............139
司書法46条2項..............171
司書法46条2項前段
..............158, 170, 171, 172
司書法46条3項..............173
司書法46条4項..............173
司書法46条6項..............173
司書法47条..............130, 144, 175
司書法47条柱書..............177
司書法47条1号..............175
司書法47条2号..............175
司書法47条3号..............176
司書法48条1項柱書..............177
司書法48条1項1号..............176
司書法48条1項2号..............176
司書法48条1項3号..............173, 176
司書法48条2項..............176

司書法49条１項⋯⋯⋯⋯⋯⋯⋯⋯177
司書法49条２項⋯⋯⋯⋯⋯⋯⋯⋯178
司書法49条３項⋯⋯⋯⋯⋯⋯⋯⋯178
司書法49条５項⋯⋯⋯⋯⋯⋯⋯⋯179
司書法50条の２⋯⋯⋯⋯⋯⋯131, 178
司書法51条⋯⋯⋯⋯⋯⋯⋯178, 179
司書法52条１項⋯⋯⋯⋯⋯⋯180, 181
司書法52条２項⋯⋯⋯⋯⋯⋯⋯⋯180
司書法52条３項⋯⋯⋯⋯⋯⋯⋯⋯180
司書法53条１号⋯⋯⋯⋯⋯⋯⋯⋯181
司書法53条７〜11号⋯⋯⋯⋯⋯⋯181
司書法54条１項本文⋯⋯⋯⋯⋯⋯181
司書法54条１項ただし書⋯⋯⋯⋯181
司書法56条１項⋯⋯⋯⋯⋯⋯⋯⋯180
司書法57条１項⋯⋯⋯145, 149, 150
司書法57条２項⋯⋯⋯⋯⋯⋯⋯⋯146
司書法58条１項⋯⋯⋯⋯⋯⋯⋯⋯158
司書法59条⋯⋯⋯⋯⋯⋯⋯⋯⋯⋯181
司書法60条⋯⋯⋯⋯⋯⋯⋯⋯⋯⋯177
司書法62条１項⋯⋯⋯⋯⋯⋯⋯⋯180
司書法62条２項⋯⋯⋯⋯⋯⋯⋯⋯180
司書法67条１項⋯⋯⋯⋯⋯⋯⋯⋯147
司書法67条３項⋯⋯⋯⋯⋯⋯⋯⋯147
司書法68条１項柱書⋯⋯⋯⋯⋯⋯182
司書法68条１項１号⋯⋯⋯⋯⋯⋯182
司書法68条１項２号⋯⋯⋯⋯⋯⋯182
司書法68条１項３号⋯⋯⋯⋯⋯⋯183
司書法69条１項⋯⋯⋯⋯⋯⋯⋯⋯183
司書法69条２項⋯⋯⋯⋯⋯⋯⋯⋯183
司書法69条の２第１項⋯⋯⋯⋯⋯184
司書法69条の２第２項⋯⋯⋯⋯⋯184
司書法73条１項本文⋯⋯152, 154, 155
司書法75条１項⋯⋯⋯⋯⋯⋯⋯⋯130
司書法76条１項⋯⋯⋯⋯⋯⋯⋯⋯140

司書法76条２項⋯⋯⋯⋯⋯⋯⋯⋯140

【司書規】
司書規15条２項１号⋯⋯⋯⋯⋯⋯149
司書規15条２項２号⋯⋯⋯⋯⋯⋯149
司書規15条２項３号⋯⋯⋯⋯⋯⋯149
司書規15条２項４号⋯⋯⋯⋯⋯⋯149
司書規16条２項⋯⋯⋯⋯⋯⋯⋯⋯145
司書規18条１項⋯⋯⋯⋯⋯⋯⋯⋯152
司書規18条の２第１項⋯⋯⋯⋯⋯152
司書規19条⋯⋯⋯⋯⋯⋯⋯⋯⋯⋯138
司書規20条１項⋯⋯⋯⋯⋯⋯⋯⋯138
司書規20条３項⋯⋯⋯⋯⋯⋯⋯⋯175
司書規22条⋯⋯⋯⋯⋯⋯⋯⋯⋯⋯130
司書規24条⋯⋯⋯⋯⋯⋯⋯⋯⋯⋯141
司書規25条１項⋯⋯⋯⋯⋯⋯⋯⋯141
司書規25条２項⋯⋯⋯⋯⋯⋯⋯⋯142
司書規25条３項⋯⋯⋯⋯⋯⋯⋯⋯142
司書規27条１項⋯⋯⋯⋯⋯⋯⋯⋯130
司書規29条１項⋯⋯⋯⋯⋯⋯⋯⋯131
司書規29条２項⋯⋯⋯⋯⋯⋯⋯⋯131
司書規29条３項⋯⋯⋯⋯⋯⋯⋯⋯131
司書規30条⋯⋯⋯⋯⋯⋯⋯⋯⋯⋯131
司書規31条１号⋯⋯⋯⋯⋯⋯⋯⋯159
司書規31条２号⋯⋯⋯⋯⋯⋯⋯⋯159
司書規31条３号⋯⋯⋯⋯⋯⋯⋯⋯159
司書規38条⋯⋯⋯⋯⋯⋯⋯⋯⋯⋯179
司書規42条１項⋯⋯⋯⋯⋯⋯⋯⋯178
司書規43条１項⋯⋯⋯⋯⋯⋯⋯⋯181
司書規44条⋯⋯⋯⋯⋯⋯⋯⋯⋯⋯181

【民法】
民法５条２項⋯⋯⋯⋯⋯⋯⋯⋯⋯⋯7
民法６条⋯⋯⋯⋯⋯⋯⋯⋯⋯⋯⋯⋯7

民法 9 条本文 ··············· 7
民法13条 1 項 ··············· 7
民法13条 4 項 ··············· 7
民法17条 4 項 ··············· 7
民法100条ただし書 ·········32
民法121条 ··············· 7
民法136条 2 項本文 ·······33, 37
民法152条 1 項 ·············90
民法166条 1 項 ·········88, 115
民法366条 1 項 ·············76
民法466条 2 項 ·············44
民法466条 3 項 ·············44
民法466条の 2 第 1 項 ·······44
民法466条の 2 第 2 項 ·······44
民法466条の 2 第 3 項 ·······44
民法466条の 3 前段 ·········44
民法467条 1 項 ·········42, 84
民法467条 2 項 ·········43, 84
民法474条 ··············· 8
民法478条かっこ書 ········· 2
民法484条 1 項 ·········12, 13
民法486条 1 項 ·············40
民法493条本文 ·········31, 36
民法493条ただし書 ·········36
民法494条 ·············20, 30
民法494条 1 項柱書後段 ·····31
民法494条 1 項 1 号 ··· 2, 3, 30, 35
民法494条 1 項 2 号 ·········30
民法494条 2 項 ·········30, 42
民法495条 1 項 ·········12, 82
民法495条 2 項 ·············12
民法495条 3 項 ·············27
民法496条 1 項前段 ········45, 51, 56,
   61, 65, 78, 79, 85, 87, 91

民法496条 1 項後段 ·········91
民法496条 2 項 ·············91
民法498条 2 項 ·········20, 110
民法537条 3 項 ·············31
民法557条 2 項 ·············37
民法591条 2 項 ·········33, 37
民法591条 3 項 ·············37
民法606条 1 項本文 ·········34
民法622条の 2 第 1 項 1 号 ···34
民法662条 1 項 ·············32
民法715条 1 項ただし書 ·····161
民法897条の 2 ·············19
民法952条 1 項 ·············19
民法953条 ···············19
民法1012条 ···············19

【民訴法】
民訴法75条 1 項前段 ·······122
民訴法76条本文 ········10, 14
民訴法77条 ···············110
民訴法80条 ···············121
民訴法197条 1 項 ···········140
民訴法259条 1 項 ··········· 4
民訴法259条 6 項 ···········110

【民執法】
民執法15条 1 項本文 ····10, 14
民執法15条 2 項 ···········110
民執法91条 1 項 ·············62
民執法91条 2 項 ·············82
民執法92条 1 項 ·············62
民執法111条前段 ·········82
民執法141条 1 項 ···········82
民執法141条 2 項 ···········82

民執法142条 2 項—————62
民執法144条 1 項—————54
民執法145条—————76
民執法145条 1 項—————112
民執法145条 3 項—————72
民執法145条 5 項—————112
民執法146条 1 項—————47
民執法149条—————53
民執法149条前段—————59
民執法152条—————80
民執法154条 1 項—————48, 54
民執法155条—————76
民執法155条 1 項本文—————75
民執法156条 1 項——— 4 , 10, 14,
　　　　45, 47, 48, 50, 55,
　　　　　57, 59, 60, 80, 81
民執法156条 2 項———4, 10, 14, 45,
　　　　46, 52, 53, 55, 62, 76, 81
民執法156条 4 項—————49, 51, 54,
　　　　56, 58, 59, 61, 62, 65
民執法159条—————76
民執法159条 4 項—————45
民執法159条 5 項—————45, 76
民執法165条 2 号—————52
民執法166条 2 項—————62, 82
民執法167条の11第 7 項—————62
民執法188条—————82
民執法192条—————82
民執法193条 2 項—————76, 82

【民執規】
民執規71条 1 項—————49
民執規130条 1 項—————49
民執規138条 1 項—————49

民執規138条 3 項—————54

【民保法】
民保法 4 条 1 項本文—————10, 14
民保法 4 条 2 項—————110
民保法14条——— 4 , 92, 102, 107
民保法22条 1 項—————63
民保法22条 2 項—————10
民保法25条 1 項—————66
民保法25条 2 項—————10
民保法50条 3 項本文—————64
民保法50条 5 項—————14, 57, 58,
　　　　59, 60, 61, 62, 72

【民保規】
民保規32条 1 項—————49
民保規41条 2 項—————49

【滞調法】
滞調法20条の 6 第 1 項—————70, 72
滞調法20条の 6 第 2 項———70, 72, 77
滞調法20条の 9 第 1 項—————72, 77
滞調法36条の 6 第 1 項—————71
滞調法36条の 6 第 2 項—————71

【会社法】
会社法331条 1 項—————143
会社法582条—————158
会社法606条 1 項—————170
会社法606条 3 項—————171
会社法609条 1 項—————172
会社法611条 1 項本文—————158, 172
会社法612条 1 項—————168
会社法612条 2 項—————168

会社法824条 ··············173
会社法833条2項 ··········173
会社法859条 ··············171

【国税徴収法】
国税徴収法8条 ·············68
国税徴収法67条1項········69

【旅券法】
旅券法6条1項 ············102

【旅券法施行規則】
旅券法施行規則5条6項········102

【旅行業法】
旅行業法7条1項 ············3
旅行業法8条6項 ···········10
旅行業法8条7項 ·····3，14，122
旅行業法9条8項 ··········112

【旅行業法施行規則】
旅行業法施行規則7条 ········3
旅行業法施行規則別表第1 ·······3

【宅地建物取引業法】
宅地建物取引業法25条1項
···················3，14，122
宅地建物取引業法25条3項·······10
宅地建物取引業法30条2項·······112

【宅地建物取引業法施行令】
宅地建物取引業法施行令2条の4
···················3，89

【公職選挙法】
公職選挙法92条1項柱書········10
公職選挙法92条1項柱書かっこ書
···················11
公職選挙法92条1項1号········4
公職選挙法93条1項1号········4

【非訟事件手続法】
非訟事件手続法94条··········12

【利息制限法】
利息制限法1条柱書··········38
利息制限法4条1項··········38

【借地借家法】
借地借家法11条1項本文·······38
借地借家法11条2項ただし書·····38
借地借家法11条3項ただし書·····39
借地借家法32条1項本文·······38
借地借家法32条2項ただし書·····38
借地借家法32条3項ただし書·····39

【不登法】
不登法131条～145条··········128

【刑事訴訟法】
刑事訴訟法149条············140

【刑法】
刑法9条···················143
刑法10条1項··············143
刑法27条···················143
刑法31条···················143
刑法32条···················143

【破産法】

破産法255条 ···································· 144

【登免法】

登免法別表第1.32.（5）イ ············· 145

【行政不服審査法】

行服法18条1項 ······························ 148
行服法46条2項 ······························ 148

【犯罪による収益の移転防止に関する
　法律】

犯罪による収益の移転防止に関する
　　法律6条2項 ······························ 178

【行政手続法】

行手法13条1項1号ロ ····················· 178
行手法20条6項 ······························ 178

判 例 索 引

供 託 法

最 高 裁

大判明40.5.20 ……………………………………36
大判大2.7.16 ……………………………………35
大判昭8.5.20 ……………………………………13
大判昭9.7.17 ……………………………………41
最判昭23.12.14 …………………………………36
最大判昭32.6.5 …………………………………36
最判昭37.7.13 ……………………………………83
最大判昭45.7.15 …………………………32, 88
最判昭46.9.21 ……………………………………35
最判昭50.11.20 ………………………31, 32, 88
最判昭55.1.11 ……………………………………43
最判昭57.1.19 ……………………………………20
最判昭59.11.26 …………………………24, 37
最判平5.3.30 ……………………………………43
最判平6.3.10 …………………………………109
最判平13.11.27 …………………………………88

高 裁

福岡高判昭49.1.29 ……………………………107

司 法 書 士 法

最 高 裁

最判昭53.7.10 …………………………………131
最判平28.6.27 …………………………………129

先 例 索 引

供 託 法

大11. 6 .24民2367 ························ 17
大11. 9 .18民2214 ······················ 89
大12. 5 .15民1180 ······················ 89
昭 4 . 7 . 3 民5618 ···············89, 115
昭10. 7 . 8 民事甲675 ·················· 90
昭18. 8 .13民事甲511 ·················· 19
昭23. 8 .20民事甲2378 ···········13, 15
昭24.10.20民事甲2449 ················ 33
昭26.10.30民事甲2105 ················· 6
昭28.11.28民事甲2277 ················ 33
昭31. 4 .10民事甲767 ·················· 86
昭31. 5 . 7 民事甲973 ·················· 92
昭32. 3 . 2 民事甲422 ·················· 41
昭32. 4 .15民事甲710 ·················· 34
昭33. 5 . 1 民事甲917 ·················· 86
昭33. 6 .24民四.102 ··················· 90
昭34. 2 .12民事甲235 ·················· 90
昭34.10. 2 民事甲2184 ················ 85
昭35全国供託課長会同決議
 ··································39, 120
昭35. 3 .30民事甲775 ············85, 93
昭36. 1 .11民事甲62 ··················· 90
昭36. 4 . 4 民事甲808 ·····39, 108, 111
昭36. 4 . 8 民事甲816 ················ 107
昭36. 7 .19民事甲1717 ··············· 122
昭36. 7 .31民事甲1866 ················ 44
昭36. 8 .26民事甲1624 ················ 87
昭37. 5 .31民事甲1485 ················ 36
昭37. 6 . 7 民事甲1483 ··············· 115
昭37. 6 .19民事甲1622 ··········40, 108

昭37. 7 . 9 民事甲1909 ················ 42
昭37.10.22民事甲3044 ············87, 92
昭38. 1 .21民事甲45 ··················· 38
昭38. 2 . 4 民事甲351 ·················· 87
昭38. 5 .18民事甲1505 ················ 37
昭38. 5 .25民事甲1570 ··············· 105
昭38. 5 .27民事甲1569 ················ 37
昭38. 6 . 6 民事甲1669 ················ 93
昭38. 6 . 6 民事甲1675 ················ 93
昭38. 6 .22民事甲1794 ················ 13
昭38. 8 .23民事甲2448 ················ 92
昭39全国供託課長会同決議
 ··························13, 33, 93
昭39. 2 . 3 民四.43 ···················· 37
昭39. 3 .28民事甲773 ·················· 40
昭39. 6 .16民事甲2104 ················ 36
昭39. 7 .20民事甲2594 ················ 15
昭39. 8 .22民事甲2871 ················ 29
昭39.10. 3 民事甲3198 ················ 90
昭39.11.21民事甲3752 ················ 90
昭40全国供託課長会同決議17 ········ 41
昭40. 3 .25民事甲636 ·················· 34
昭40. 5 .27民事甲1069 ················ 42
昭41. 7 . 5 民事甲1749 ················ 34
昭41. 7 .12民事甲1860 ················ 38
昭41.10. 5 民事甲2828 ················ 90
昭41.11.28民事甲3264 ················ 34
昭41.12. 8 民事甲3321 ················ 86
昭41.12. 8 民事甲3325 ················ 42
昭41.12.15民事甲3367 ················ 19
昭42全国供託課長会同決議 ··········· 109

昭42.1.12民事甲175‥‥‥‥‥41，85，93

昭42.3.6民事甲353‥‥‥‥‥‥‥‥‥20

昭44.3.3民事甲345‥‥‥‥‥‥‥‥‥90

昭45.9.25民事甲4112‥‥‥‥‥‥‥‥88

昭45.9.25民四.723‥‥‥‥‥‥‥‥‥89

昭45.10.21民事甲4425‥‥‥‥‥‥‥45

昭45.12.22民事甲4760‥‥‥‥‥‥‥20

昭46全国供託課長会同決議‥‥‥‥‥38

昭46全国供託課長会同決議5‥‥‥‥42

昭50.3.17民四.1448‥‥‥‥‥‥‥‥34

昭51.8.2民四.4344‥‥‥‥‥‥‥‥‥39

昭53.2.1民四.603‥‥‥‥‥‥‥‥‥29

昭55全国供託課長会同決議‥‥‥‥‥48

昭55.6.9民四.3273‥‥‥‥‥‥37，113

昭55.9.6民四.5333

‥‥‥‥‥‥50，63，75，76，77，78

昭57.10.28民四.6478‥‥‥‥‥‥‥‥41

昭58.11.22民四.6653‥‥‥‥‥‥‥‥81

昭59全国供託課長会同決議1‥‥‥‥43

昭60.10.11民四.6428‥‥‥‥‥‥‥‥88

平2.11.13民四.5002

‥‥‥‥‥‥61，63，64，66，67，79

平5.5.18民四.3841‥‥‥‥‥‥‥‥43

平14.3.29民商802‥‥‥‥‥‥‥88，89

平17.3.1民商544‥‥‥‥‥‥‥‥‥22

平20.4.7民商1178‥‥‥‥‥‥101，103

令4.8.1民商376‥‥‥‥‥‥‥‥‥46

司法書士法

昭31.10.18民事甲2419‥‥‥‥‥‥140

昭32.5.30民事甲1042‥‥‥‥‥‥138

昭43.12.26民事甲3661‥‥‥‥‥‥141

昭44.5.12民事甲1093‥‥‥‥‥‥128

昭45.2.18民事甲577‥‥‥‥‥‥142

― 著者 ― 松本 雅典 (まつもと まさのり)

司法書士試験講師。All About 司法書士試験ガイド。法律学習未経験ながら、5か月で平成22年度司法書士試験に合格。それまでの司法書士受験界の常識であった方法論と異なる独自の方法論を採ったことにより合格した。

現在は、その独自の方法論を指導するため、辰已法律研究所にて、講師として後進の指導にあたる（1年合格コース「リアリスティック一発合格松本基礎講座」を担当）。合格まで平均4年かかる現状を超短期（4～7か月）で合格することを当たり前に変えるため、指導にあたっている。

なお、司法書士試験に合格したのと同年に、宅建試験・行政書士試験も受験し、ともに一発合格。その翌年に、簡裁訴訟代理等能力認定。

【著書】

『【第4版】司法書士5ヶ月合格法』（自由国民社）

『予備校講師が独学者のために書いた司法書士5ヶ月合格法』（すばる舎）

『試験勉強の「壁」を超える50の言葉』（自由国民社）

『【第4版】司法書士試験リアリスティック1 民法Ⅰ［総則］』（辰已法律研究所）

『【第4版】司法書士試験リアリスティック2 民法Ⅱ［物権］』（辰已法律研究所）

『【第5版】司法書士試験リアリスティック3 民法Ⅲ［債権・親族・相続］』（辰已法律研究所）

『【第4版】司法書士試験リアリスティック4 不動産登記法Ⅰ』（辰已法律研究所）

『【第4版】司法書士試験リアリスティック5 不動産登記法Ⅱ』（辰已法律研究所）

『【第3版】司法書士試験リアリスティック6 会社法・商法・商業登記法Ⅰ』（辰已法律研究所）

『【第3版】司法書士試験リアリスティック7 会社法・商法・商業登記法Ⅱ』（辰已法律研究所）

『【第2版】司法書士試験リアリスティック8 民事訴訟法・民事執行法・民事保全法』（辰已法律研究所）

『【第3版】司法書士試験リアリスティック9 供託法・司法書士法』（辰已法律研究所）

『司法書士試験リアリスティック10 刑法』（辰已法律研究所）

『司法書士試験リアリスティック11 憲法』（辰已法律研究所）

『司法書士試験リアリスティック12 記述式問題集 基本編［不動産登記］［商業登記］』（辰已法律研究所）

『【第2版】司法書士リアリスティック不動産登記法記述式』（日本実業出版社）

『【第2版】司法書士リアリスティック商業登記法記述式』（日本実業出版社）

【監修書】

『司法書士<時間節約>問題集　電車で書式〈不動産登記90問〉』（日本実業出版社）
『司法書士<時間節約>問題集　電車で書式〈商業登記90問〉』（日本実業出版社）

【運営サイト】

司法書士試験リアリスティック

https://sihousyosisikenn.jp/

【X（旧Twitter）】

松本　雅典（司法書士試験講師）@matumoto_masa

https://twitter.com/matumoto_masa

【ネットメディア】

All About で連載中

https://allabout.co.jp/gm/gt/2754/

【YouTube チャンネル】

松本雅典・司法書士試験講師

https://www.youtube.com/@realistic-matumoto

辰巳法律研究所（たつみほうりつけんきゅうじょ）

https://www.tatsumi.co.jp

　司法書士試験対策をはじめとする各種法律資格を目指す方のための本格的な総合予備校。実務家というだけではなく講師経験豊かな司法書士、弁護士を講師として招聘する一方、入門講座では Web を利用した復習システムを取り入れる等、常に「FOR THE 受験生」を念頭に講座を展開している。

司法書士試験　リアリスティック⑨　供託法・司法書士法

令和3年1月25日	初　版　第1刷発行
令和4年7月15日	第2版　第1刷発行
令和6年1月30日	第3版　第1刷発行

著　者　松本　雅典
発行者　後藤　守男
発行所　辰已法律研究所
〒169-0075
東京都新宿区高田馬場 4-3-6
TEL. 03-3360-3371（代表）
印刷・製本　壮光舎印刷（株）

| 従来の勉強法 | 松本式
5ヶ月合格勉強法 | ここが違う。 |

従来型 松本式

従来型
合格まで4年は覚悟する。

松本式
絶対に合格できるという自信をもつ。合理的な勉強法で真剣に学習すれば1年で必ず合格できる試験である。

従来型
本試験「直前」に使えるように情報を一元化する。

松本式
本試験「当日」に問題を解くときに、頭の中で思い出す検索先を一つに特定する＝情報の一元化ではなく検索先の一元化

従来型
自分にあった勉強法を探す。

松本式
最短で合格できる勉強法に、ただひたすら自分をあわせる。

従来型
過去問は何回も何回も繰り返し解く。

松本式
過去問の元になっている条文・判例自体を思い出せるようにすれば過去問は何回も解く必要がない。

従来型
忘れないためには、覚えられるまで何度でも繰り返し復習するしかない。

松本式
一度頭に入ったことは頭からなくなることはない。思い出すプロセスを決めて、そのプロセスを本試験で再現できるよう訓練するのが勉強である。

従来型
過去問を「知識が身についているかの確認」に使う。

松本式
過去問を「問題の答えを出すために必要な知識」を判別するために使う。知識の確認ツールとしては、過去問は不十分である。

従来型
テキスト・過去問にない問題に対処するためにもっと知識を増やすように努力する。

松本式
テキスト・過去問に載っていない知識の肢を、テキスト・過去問に載っている知識から推理で判断する訓練をする。知識を増やすことに労力をかけない。

従来型
テキストに、関連する他の科目の内容や定義などをどんどん書き込んでいく。

松本式
基本テキストに関連する他の科目の内容や定義などは、「言葉」としては書かない。本試験で思い出すための記号しか書かない（リレイティング・リコレクト法）。

従来型
インプット＝テキスト、アウトプット＝問題演習

松本式
インプットもアウトプットもテキストで行う。

従来型
記述は書いて書いて書きまくる。

松本式
記述式を書いて勉強するのは時間がかかり過ぎる。申請書はシャドウイング（P.38参照）＋音読で。

リアリスティック一発合格 松本基礎講座

■2024年4月 Start （7月スタート設定あり）

リアリスティック一発合格 松本基礎講座（全135回）

リアリスティック導入講義	オリエンテーション講義	民法 ※根抵当権については不動産登記法で取り扱います。 28回	不動産登記法 21回	会社法（商業登記 31回
4回	1回			
無料体験 可				

※民法開講後にお申込みになった方も左記「導入講義」「オリエンテーション講義」（全5回）をご受講ください（通学部はWEB受講。通信部DVDは一括発送）。

① 超短期合格法の要諦『検索先の一元化
② インプットと同時にアウトプットの仕方（松本
③ 記憶を活かすための工夫満載

通学部 (定員制)

LIVE は日曜 (12:00 〜)・
木曜 (18:45 〜) の週 2 日。
社会人の方も無理なく
受講できる！

通信部

 DVD 講義

 WEB スクール

スケジュール・受講料等の詳細は
右記より資料をご請求ください。https://r-tatsumi.com/pamphlet/

― 講座の体系 ―

民事訴訟法 民事執行法 民事保全法 **12回**	供託法 司法書士法 **5回**	**刑法** **7回**	**憲法** **6回**

オプション講座

司法書士
オープン総合編 **8回**

全国総合模試 **2回**

編 **10回** | **記述式 応用編 10回**

リアリスティック記述完成講座

2025年
7月

司法書士試験 筆記試験

**実現する講義
ウトプット法) を指導**

各自で検索先の一元化を進めながら、松本式アウトプットを繰り返す。

便利な「通学&通信 相互乗り入れ制度」

申込内容 受講方法	通学部を申込	通信部を申込	
		DVD を申込	WEB を申込
LIVE 講義への出席	可	可	可
WEB 講義視聴	可	DVD のみの申込みなら不可。WEB + DVD をお申込みなら可	可
教材のお渡し方法	手渡し	発送	発送

↑ **詳細は
こちら**

リアリスティック一発合格 松本基礎講座

本講座では、松本雅典著『司法書士試験リアリスティック』を講座テキストとして使用します

「司法書士試験
リアリスティッ
は各自でご用意
さい。

テキストの見開き見本

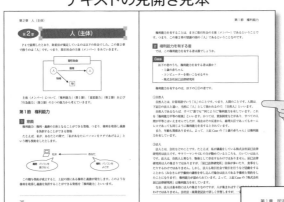

受講者に記憶していただくのは、
キストのほか、各科目で配付する数
ページのレジュメ、それだけです。

図、Case、イメージの湧きや
すい例など様々な工夫を駆使
し、初めて法律を学ぶ人に
理解できるテキストとなって
います。

簡単な例からスタートしますが、法律
の根本的な考え方まできちんと説明し
ています。

← 詳細は
こちら

スケジュール・受講料等の詳細は
右記より資料をご請求ください。 https://r-tatsumi.com/pamphlet/

１歳の赤ちゃんでも権利能力はあることになります（権利能力の問題）。

しかし、「実際に取引をする能力があるか？」ということは、権利能力とは別問題です。権利能力があっても、たとえば、０歳や１歳の赤ちゃんは物事の分別がつきませんので、「これを買いたい」などとは言えません（意思能力の問題）。

また、大体６〜７歳くらいになれば、物事の分別がつきますので、「これをきいたい」とは言えます。しかし、能力にムラのある未成年の場合は、成人に比べて保護する必要性が高いです（行為能力の問題）。

このような理由から、「意思能力」「行為能力」という問題が生じます。つまり、第２節と第３節で扱う意思能力と行為能力は、「権利能力はある（取引社会の主体（メンバー）ではある）が、物事の分別がつかない者や、保護する必要がある者をどう扱うか？」という問題なのです。

意思能力はこの第２節で、行為能力は次の第３節で説明します。

民法３条の２
法律行為の当事者が意思表示をした時に意思能力を有しなかったときは、その法律行為は、無効とする。

１ 意義

意思能力：自分の法律行為の結果を弁識するに足るだけの精神能力

かつては、意思能力については明文規定がありませんでした。しかし、今後は高齢化になり、意思能力が問題になる事件は増えると考えられ、意思無能力者を保護する必要性が高まります。そこで、平成29年の改正で明文化されました。

――用語解説 ――「明文規定」

「明文規定」とは、条文があるということです。学習が進むと、肢（選択肢）の中で、「明文規定がある」「明文規定がない」という文言はよく出てきますので、意味がわかるようにしておいてください。

特に重要な条文は、ボックスにして原文を掲載しています。

第 10 章 時効

4．援用権者

Case

Ａは、Ｂから100万円を借りており、あなたはＡの保証人となっている。ＡのＢに対する債務が、弁済されないまま弁済期から５年が経過した場合、あなたはＡのＢに対する債権の消滅時効を援用できるか？

取得時効の占有者や消滅時効の債務者が時効を援用できることは、問題ありません。上記 Case でいえば、Ａは問題なく消滅時効を援用できます。では、保証人であるあなたは時効を援用できるでしょうか。こういった点が問題となります。

援用権者として認められるかの判断基準

援用権者として認められるのは、援用をしなければ自身の財産を失ってしまう者です

＊以下の表には、この後に学習する用語が多数出てきます。よって、いったん飛ばし、財産法の学習がひととおり終わった後（重要テキスト第８編までお読みになった後）にお読みください。

援用権者として認められる者	援用権者として認められない者
①保証人（民法145条かっこ書） ②連帯保証人（民法145条かっこ書） 　援用をしなければ債務の履行の責任を負いますので（民法446条１項）、自身の財産を失ってしまます。 　よって、上記 Case の保証人であるあなたは、ＡのＢに対する債権の消滅時効を援用できます。 ①②は、平成29年の改正で判例（大判大4.7.13、大判大4.12.11、大判昭7.6.21）が明文化されました。	●連帯債務者 　連帯債務者は、かつては援用権者と解されていました。しかし、平成29年の改正で、連帯債務者における時効の効果は相対効力になりました。他の連帯債務者の債務が時効によって消滅しても、連帯債務者の債務に変化が生じなくなったので（民法441条本文）、連帯債務者は援用をしなければ自身の財産を失ってしまう者とはいえなくなったんです。 ●一般債権者（大判大8.7.4） 　一般債権者は債務者の特定の財産を目的としていませんので、援用をしなければ自身の財産を失ってしまう者とはいえません。また、P115の「一般債権者が該当するかどうかの記憶のテクニック」もご確認ください。

この講座のテキストは、「できる」「当たる」「認められる」などその事項に該当するものは左に、「できない」「当たらない」「認められない」など該当しないものは右に配置するという一貫した方針で作成されています。これは、本番の試験でテキストを思い出す時に、「この知識はテキストの表の左に書いてあったな。だから、『できる』だ」といったことができるようにするためです。

担保物権である、⑦の留置権、⑧の先取特権、⑨の質権、⑩の抵当権は、物の利用価値と交換価値のうち、「交換価値」を把握する物権です。つまり、原則として物を使うことはできませんが、他人の物を売っ払ったりすることはできます。たとえば、銀行が建物を目的として抵当権の設定を受けた場合は、銀行からみて、その建物は右の図のように見えているわけです。銀行にとってその建物にシステムキッチンが付いていて使いやすいなどはどうでもよく、銀行は「金に替えるといくらになるのか」しか考えていないのです。

「所有権」「用益物権」「担保物権」のイメージ

物の所有者が物に対して持つオールマイティーな権利が「所有権」です。所有権は「利用価値」と「交換価値」を把握しています。その「利用価値」と「交換価値」を他人に切り売りすることができます。利用価値を切り売りしてできた他人の物権が「用益物権」であり、交換価値を切り売りしてできた他人の物権が「担保物権」です。

重要ポイントについては、図を記載。

会社法309条3項の特別決議より要件が厳しい決議（会社法309条3項1〜3号）

①発行する全部の株式の内容として譲渡制限を設ける定款変更

公開会社から非公開会社になる定款変更です。

②吸収合併消滅株式会社または株式交換完全子会社が公開会社であり、かつ、それらの株式会社の株主に対して交付する対価が持分等である場合の消滅株式会社の株主総会の承認

③新設合併消滅株式会社または株式移転完全子会社が公開会社であり、かつ、それらの株式会社の株主に対して交付する対価が持分等である場合の消滅株式会社の株主総会の承認

株主から見ると

この3項の特別決議による必要があるのは、自身の株式が公開株から非公開株になってしまうときです（上記①〜③は、すべてこれです）。これは、株主にかなり不利なことだからです。非公開株になると株式の譲渡が大変になります。上場廃止をイメージ……

講義スタイル

本講座出身の合格者が「この形式の講義以外は受けられなくなるほど」と絶賛する講義スタイル！

本講座は従来から一貫した講義スタイルで多くの合格者を生み出してきました。

毎回講義の冒頭は松本講師が受講生に向かって話すところから始まりますが、講義は基本的に、テキストを画面に写し、講師と一緒にテキストに書き込みをするスタイルで行われます。

4色（赤：結論、青：趣旨・理由、緑：複数の知識を記憶できる共通する視点など、黒：試験には出ない具体例や実務の話）を使い分け、どこをどう記憶すればよいのかを視覚化しながら説明していきます。

どの箇所を線でつなぐか、図はどこに書き込むかといったことも一目瞭然になります。

実際の講義を例えばWEBスクールの画面で見るとこうなります（LIVE受講生は教室内のモニターで見られます）

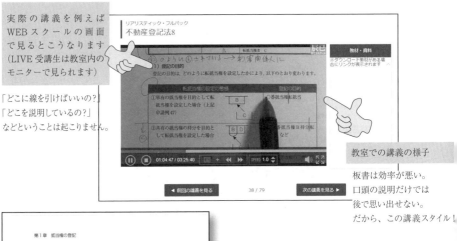

リアリスティック・フルパック
不動産登記法8

38 / 79

◀ 前回の講義を見る　　次の講義を見る ▶

「どこに線を引けばいいの？」
「どこを説明しているの？」
などということは起こりません。

教室での講義の様子

板書は効率が悪い。
口頭の説明だけでは
後で思い出せない。
だから、この講義スタイル！

書き込みが完成するとテキストのページはこうなります。

書き込んだ時の記憶が残っているので、復習がし易い！
試験の時に思い出し易い！

このスタイルだから講義終了時点でのテキストは全受講生共通！
（講義の受け方によって差が出ない）

426

スケジュール・受講料等の詳細は右記より資料をご請求ください。 https://r-tatsumi.com/pamphlet/

お得な辰已の受験生割引制度

本気のあなたを全力で支援します。

1 松本式なら一挙に司法書士も狙える！
他資格からのトライアル割引
15%割引

行政書士、宅建士、社労士、など法律系国家資格をお持ちの方や、
これらの資格を目指されている方を応援！

2 松本式勉強法なら在学中合格を狙える！
在学生キャッシュバック
15% キャッシュバック

やる気のある学生の皆さんを応援いたします。お申込の際にキャッシュ
バック申込書を添付してください。定価でのお申込後にキャッシュバッ
クをいたします。

3 独学者支援・受験経験者支援・基礎再受講者支援
Re-Try 割引
15%割引

対象①：これまで予備校を利用せずに独学で勉強してきたが、松本式の学習法に共鳴し、この機会に直接松本
講師の指導を受けたいと思っている方（**独学者支援**）

対象②：司法書士本試験受験経験のある方で、中々合格ラインに届かないので、これを機会に松本式の勉強法
でもう一度基礎固めをして一気にいきたい方（**受験経験者支援**）

対象③：過去に司法書士の入門講座（辰已 or 他校）を受講したが、挫折した or 理解不十分なので、この機会
に松本式の勉強法で、もう一度基礎からやり直してみたい方（**基礎再受講者支援**）

4 友人と一緒に申し込めば二人ともお得
スタディメイト支援
15%割引

友人と一緒に申し込めば、お二人ともに、割引が適用されます。

5 合格って嬉しいご祝儀！！
合格者・研修費用贈呈
お申込額の
50%
（または25%）

2025年度の司法書士試験に見事最終合格された暁には、お祝いといたし
まして「リアリスティック一発合格松本基礎講座」へのお支払金額（オー
プン・模試の部分は含まず）の半額（または4分の1）を司法書士会の研
修費用などに活用していただくために贈呈いたします。短期合格を目指し
て頑張ってください。

リアリスティック・フルパック

パックで申し込めば、合格に必要なカリキュラム（講義＆演習）が
全て揃います。受講料もお得です。

 ＋ ＋ 全国総合模試

3講座合計価格

通学部 ¥~~577,700~~

通信部 ¥~~577,700~~
（WEB）

通信部 ¥~~615,980~~
（DVD）

通信部 ¥~~640,920~~
（WEB＋DVD）

コース価格

通学部 ¥544,592　¥33,108 のお得

通信部 ¥544,592　¥33,108 のお得
（WEB）

通信部 ¥580,559　¥35,421 のお得
（DVD）

通信部 ¥604,034　¥36,886のお得
（WEB＋DVD）

※通信部についてはオプション講座も通信部で計算

受講生フォロー

質問受付システム

受講生限定　質問無料

**24時間対応。講座に関する質問なら何でも
OKです。**

本講座では、講義内容や勉強方法に関して、本講座専用
の質問制度をご用意しています。
質問は全て自動的に松本講師宛てにも届き、松本講師も
全ての質問に目を通しています。回答はスタッフから
メールでお送りします。

リアリスティック中間テスト

全科目一括受講者限定　受験無料

到達度確認のためのテストを実施！

講座進行中に学習の到達度確認のためのテストを実施し
ます。
科目の終了後に択一式35問を出題（全4回）。
成績はWEB上ですぐに確認できます。
実施方法：受講者特典マイページ上で実施（WEB限
定）。
問題はPDF形式。解答はWEBのフォームに入力。

講座専用クラスマネージャー

受講生限定　相談無料

勉強内容以外でもきっちりフォローします！

本講座には「質問受付システム」を使った学習内容に関する
充実した質問制度があります。

でも、受験勉強を続ける上では学習内容以外のことについて
次のような悩みを持たれる方も多いことでしょう。

「LIVE講義全部に出席するのは難しいけれど、どうすれば
いいだろう」
「仕事をしながら勉強時間を確保するにはどうしたらいいだ
ろう」
「通信部で一人で勉強していると、他の人がどれくらい勉強
しているのか気になる」
「7月の筆記試験後にも念のため勉強を継続したいので、試
験後の講座のことが知りたい」etc.

このような受験環境に関する様々な悩みについて辰巳スタッ
フがご相談に応じます。

対　象　者：リアリスティック一発合格松本基礎講座受講者
（通学部または通信部（DVD・WEB）受講者。科目別受講
者を含む。
ご利用方法：上記の質問受付システムからご相談ください。
折り返し、クラスマネージャーから回答いたします。

**スケジュール・受講料等の詳細は
右記より資料をご請求ください。** https://r-tatsumi.com/pamphlet/

ガイダンス＆リアリスティック導入講義　全8弾

通学部も通信部も **すべて無料**

松本講師の5ヶ月合格法のノウハウの一部を公開します。
聴くだけでもためになるお得な無料公開講義です。

※一部の科目については、本編開講後に実施します。
※受講方法には次のものがあります（すべて無料）。
　◆LIVE参加：東京本校は予約不要です。実施校に直接おこしください（大阪本校は要予約）。
　◆通信部DVD申込：申込方法をご確認の上、お申し込みください。
　◆WEB視聴：辰已YouTubeチャンネルでご覧ください。

無料公開講義の流れ

1月　3月　　4月　　　　　　5月　　　　　7月　　　　9月

ガイダンス → リアリスティック導入講義 民法 → オリエンテーション講義 → 本編開講 → 導入講義 不動産登記法 → 導入講義 会社法・商業登記法

ガイダンス	第1弾	東京本校LIVE **1/13**(土) 14:00-15:00	司法書士の"リアルな"仕事・就職・収入
	第2弾	東京本校LIVE **2/10**(土) 14:00-15:00	これが司法書士試験だ！―データで徹底解剖
	第3弾	東京本校LIVE **3/9**(土) 14:00-15:00	合格者を多数輩出するリアリスティック勉強法とは？
リアリスティック導入講義	第4弾	東京本校LIVE **4/7**(日) 14:00-15:30	リアリスティック導入講義　民法の全体像①
	第5弾	東京本校LIVE **4/14**(日) 14:00-15:30	リアリスティック導入講義　民法の全体像②
大阪	第4+5弾	大阪本校LIVE **4/6**(土) 14:00-17:10 ※LIVE参加には予約が必要です。※詳細はP.17をご覧ください。	リアリスティック導入講義　民法の全体像① リアリスティック導入講義　民法の全体像②
オリエンテーション講義	第6弾	東京本校LIVE **4/21**(日) 14:00-15:30	開講直前ガイダンス「オリエンテーション講義～効果的な授業の受け方～」
リアリスティック導入講義	第7弾	東京本校LIVE **7/14**(日) 12:00-15:15	リアリスティック導入講義　不動産登記法の全体像
	第8弾	東京本校LIVE **9/8**(日) 16:15-19:30	リアリスティック導入講義　会社法・商業登記法の全体像

辰已法律研究所 書籍出版グループ

（キリトリ線）

本書の読者限定で、著者である松本雅典講師によるガイダンス「リアリスティック供託法・司法書士法を使った学習法」をご視聴いただけます。

ガイダンスは WEB 上で配信いたします。

ガイダンスの視聴をご希望の方は、本ハガキの下記記入欄にご記入の上、辰已法律研究所宛てにお送りください。ハガキをお送りいただいた皆様に漏れなく、ガイダンス視聴用の URL を書面にてお送りいたします（視聴開始は 2024 年 1 月 25 日です）。

※プレゼントの請求期限は 2026 年 1 月 14 日（消印有効）とさせていただきます。

司法書士試験リアリスティックのうち購入されたものを〇で囲んでください。	民法I　民法II　民法III 不動産登記法I　不動産登記法II 会社法・商法・商登法I　会社法・商法・商登法II 民事訴訟法・民事執行法・民事保全法 供託法・司法書士法 刑法　憲法　記述式問題集基本編
フリガナ 氏名	ご職業・学校名など

生年月日	年　　月　　日　・　　歳	性別	男　女

〒
住所

電話番号　　　　（　　　　　　）

e-mail
address

（キリトリ線）